DIE HOHE KUNST DES NICHTSTUNS IM BÜRO

Stilvoll Arbeit umschiffen und dabei unersetzbar wirken!

BEN KÜHN

HAFTUNGSAUSSCHLUSS

Dieses Werk ist eine satirische Meisterklasse in der hohen Kunst der Büro-Diplomatie, kreativen Zeitschinderei und subtilen Arbeitsvermeidung. Der Verlag übernimmt keinerlei Verantwortung für folgende, durchaus realistische Nebenwirkungen:

- ✔ Unfreiwillige Beförderungen, weil dein perfekt inszeniertes Multitasking-Drama zu überzeugend war.
- ✔ Unerklärliche Karrieresprünge, weil du scheinbar nie arbeitest, aber immer unersetzlich wirkst.
- ✔ Plötzliche Entlassungen, weil dein Delegations-Slalom selbst den besten Chef misstrauisch gemacht hat.
- ✔ Meetings als Überlebenskampf, weil du nach dem PowerPoint-Trinkspiel nur mit Koffeinschock durch eine Präsentation kommst.
- ✔ Akute Cappuccino-Engpässe, weil du die Kaffeeküche in dein persönliches Zweitbüro umgewandelt hast.
- ✔ Kollegiale Verwirrung, weil du Business-Phrasen so meisterhaft platzierst, dass niemand mehr weiß, worum es eigentlich geht.

Solltest du nach Anwendung dieses Buches mit mehr Verantwortung oder weniger Pausen konfrontiert werden, empfehlen wir dringend die sofortige Umsetzung von ***Kapitel 7: Delegieren oder verlieren!***

Lesen auf eigene Gefahr - aber mit maximaler Effizienz!

INHALTSVERZEICHNIS

EINLEITUNG 08

KAPITEL 1: DER FRÜHE VOGEL HAT KEINEN WECKER 10

Der Klassiker: Verkehrs-Albtraum 13

Technik, die gegen dich ist 15

Haustiere und ihr unermüdlicher Kampf gegen Pünktlichkeit 19

Geheimmissionen am Morgen – Wie du mit absurden, aber smarten Geschichten für Respekt sorgst. 22

Heldenhafter Einmarsch 26

KAPITEL 2: KAFFEE, SMALL TALK UND ANDERE ZEITFRESSER 28

Die Kunst der Kaffeeküchen-Verweildauer 30

Tee vs. Kaffee: Warum die Zubereitung eines Tees ein echter Zeitschinder ist 34

Small Talk: Wenn Worte Zeit stehlen 37

Sonstige Zeitfresser: Warum die Kaffeeküche eine Wundertüte ist 41

Der Rückweg zum Schreibtisch: Der Abgang eines Champions 44

KAPITEL 3: MEETINGS SIND DIE WELLNESS-OASEN DES BÜROS 48

Der erste Eindruck zählt 51

PowerPoint-Überleben: So überstehst du jede Folie 54

Die besten Phrasen für alle Gelegenheiten 57

Verantwortung weiterreichen: Das Pass-Spiel für Profis 62

Die Exit-Karriereleiter 66

KAPITEL 4: MULTITASKING ODER WIE DU NICHTS GLEICHZEITIG SCHAFFST 70

Die Multitasking-Fassade: Wie du beschäftigt wirkst, ohne es zu sein 73

Die hohe Kunst des „Halb-Fokus": Alles machen, nichts beenden 76

Der strategische Blick auf den Bildschirm: Multitasking für die Optik 82

Multitasking-Mythen entlarvt: Warum niemand das wirklich kann 85

KAPITEL 5: MITTAGSPAUSE UND ANDERE FLUCHTEN 90

Die klassische Verlängerung: Mittagspause mit Nachspielzeit 93

Wichtige Erledigungen 96

Der Rauchpausen-Typen-Guide 98

Die Pause als Networking-Chance 101

KAPITEL 6: HOMEOFFICE - DIE KUNST, REMOTE NICHTS ZU TUN 104

Die perfekte Video-Call-Inszenierung 106

Technische Pannen als Alibi 108

Der Stummschalten-Button 110

Das ideale Homeoffice-Setup 112

Unersetzbar im Home Office 113

KAPITEL 7: DELEGIEREN ODER VERLIEREN! 116

Typen-Guide: Die besten Kollegen fürs Weiterreichen 118
Die besten Momente, um Verantwortung abzugeben 121
Die Geheimformel, um Arbeit elegant weiterzureichen 124
Abwehrstrategien gegen Delegations-Versuche 125
Mini-Quiz –Wie gut bist du im Delegieren? 127
Lass dich inspirieren: Bekannte Meister-Delegierer 131

KAPITEL 8: DIE HOHE KUNST DES NICHT-ERREICHBAR-SEINS 136

E-Mail-Tarnung: Die perfekte Antwortzeit-Strategie 138
Der Status-Move: Unsichtbar im digitalen Büro 141
Strategische Meetings: Der perfekte Vorwand für Unerreichbarkeit 144
Der mysteriöse Arbeitsplatz 148

KAPITEL 9: FEIERN, FORTBILDUNGEN UND PFLICHTVERANSTALTUNGEN ÜBERLEBEN 150

Fortbildung mit Minimalaufwand 152
Teamevents überstehen – Präsenz zeigen, ohne wirklich mitzumachen 156
Die Gratwanderung bei Firmenfeiern 159
Netzwerken ohne Aufwand: Gespräche führen, die sich selbst entsorgen 162
Der stilvolle Abgang 165

KAPITEL 10: SAISONALE AUSREDEN UND BÜRO-PHILOSOPHIE: ARBEIT OHNE ARBEIT 170

Das große Jahreszeiten-Karussell: Wann sich Arbeit von selbst erledigt 173

Jetzt nicht: Das hat keine Priorität 176

Die große Verschiebung: Alles ins nächste Quartal retten 180

Das magische Jahresend-Chaos 184

Büro-Philosophie: Wie du jede Ausrede mit Tiefe verkaufst 188

SCHLUSSWORT 194

EINLEITUNG

Willkommen in der wohl wichtigsten Lektüre deiner Karriere – dem heiligen Gral der Arbeitsvermeidung mit Stil. Dieses Buch ist keine weitere „Karrierebibel", die dir rät, um 5 Uhr aufzustehen, pausenlos produktiv zu sein und in Meetings mit übertriebenem Eifer zu glänzen. Nein, hier geht es um die hohe Kunst, maximal effizient nichts zu tun und dabei unersetzbar zu wirken.

Der Büroalltag ist ein Hindernisparcours aus Meetings, die niemand braucht, Deadlines, die niemand einhält, und To-do-Listen, die sich vermehren wie Karnickel. Wenn du das Gefühl hast, dass 90 Prozent deiner Arbeitszeit nur darin bestehen, beschäftigt auszusehen, ohne tatsächlich etwas zu tun, dann hast du das Spiel längst verstanden. Wenn nicht: Dieses Buch ist dein ultimativer Cheatcode für den Büro-Dschungel – meisterhafte Ausreden, taktische Ablenkungsmanöver und Exit-Strategien, die so geschmeidig sind, dass selbst dein Chef glaubt, du wärst gerade unabkömmlich beschäftigt.

KLEINER HINWEIS ZUR SPRACHE, WEIL'S SCHNELLER GEHT:

In diesem Buch wird nicht gegendert. Nicht aus böser Absicht, sondern weil wir hier das Wesentliche im Fokus haben: grandiose Ausreden und maximalen Büro-Spaß. Also fühl dich bitte, unabhängig von Sternchen, Unterstrichen oder Doppelpunkten, angesprochen – wir sind schließlich alle Teil der großen, wunderbaren Kunst des intelligenten Nichtstuns.

UND JETZT: VIEL SPASS BEIM SCHMÖKERN!

Ob du dieses Buch heimlich während eines „strategischen Calls" liest oder es demonstrativ auf deinem Schreibtisch platzierst, um damit Kollegen zum Lachen zu bringen – genieße es!

Möge dein Kaffee niemals kalt, deine To-do-Liste nie dringlich und deine Tarnung als unersetzbarer Büro-Profi unangreifbar sein!

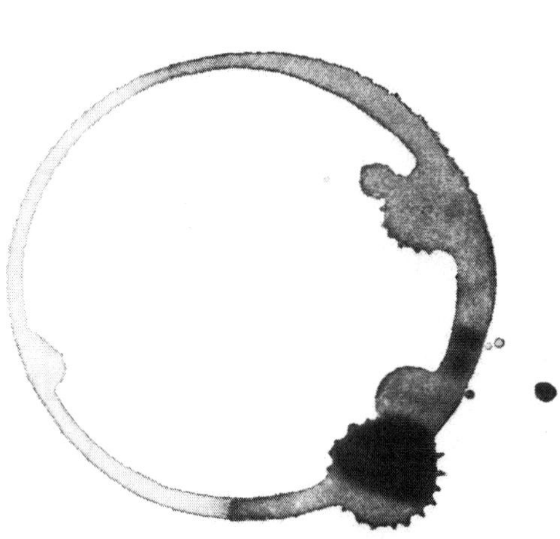

KAPITEL 1: DER FRÜHE VOGEL HAT KEINEN WECKER

Wie du souverän zu spät kommst und dabei cool bleibst – vom Weckerkampf bis zur mysteriösen Staukatastrophe.

Zz
Zz

Ein typischer Morgen im Büro: Deine Kollegen mustern dich mit einer Mischung aus Skepsis und stillem Respekt, während du dir den imaginären Rushhour-Schweiß dramatisch von der Stirn wischst. Was ist geschehen? Hier betrittst du die Bühne der intelligenten Ausreden und bist der Hauptdarsteller im Stück „Der Montagsmythos". Eigentlich war dein Morgen friedlich, fast schon verdächtig perfekt, bis das Schicksal beschloss, sein „Hold-my-Coffee"-Moment einzulegen. Dein Wecker? Erklärt spontan den Generalstreik und bleibt stumm, vermutlich aus Protest gegen die Existenz von Montag. Das Bad? Besetzt von einer Dusche, die so ambitioniert tropft, dass du sicher bist, dass irgendwo ein Reiseblogger ein „Hidden Waterfall"-Foto davon gemacht hat.

Und der Kaffee? Ein Drama in drei Akten: Erst schäumt nichts, dann alles, und schließlich endet die Szene mit einer Kaffee-Tasse, die aussieht wie moderne Kunst – voller Melancholie und Koffeinverlust. Doch der eigentliche Showstopper erwartet dich draußen: eine Gruppe streikender Enten auf dem Zebrastreifen. Keine hektischen Überquerungen à la „Watschel und weg!". Nein, sie haben Choreografie, Taktgefühl und diese Aura, die dich daran erinnert, dass du in ihrem Film nur Statist bist.

Aber am Ende bleibt dir nur der Auftritt im Büro. Und jetzt ist es Zeit für deinen großen Moment: Die perfekte Mischung aus tragischer Verzweiflung und heldenhaften Humor – als wärst du in einer Büro-Soap, in der du der Underdog bist, der trotz widriger Umstände glänzt. Dieses Kapitel ist dein Survival-Guide für den verspäteten Büro-Einmarsch. Ob du mit dem Pathos eines Shakespeare-Helden oder der Ironie eines Stand-up-Comedians auftrittst, hier lernst du, wie du nicht nur zu spät, sondern grandios zu spät bist.

DER KLASSIKER: VERKEHRS-ALBTRAUM

Es gibt einen Grund, warum der Verkehrs-Albtraum die wohl klassischste aller Ausreden ist: Er ist unvorhersehbar, allgegenwärtig und wirkt unglaublich plausibel. Der Verkehr kennt keine Gnade, weder für Frühaufsteher noch für notorische Langschläfer. Ob du dich auf eine kilometerlange Blechlawine berufen oder von einer vermeintlichen Baustelle erzählen willst, die über Nacht aus dem Boden geschossen ist – niemand kann das so leicht widerlegen.

Dabei geht es nicht darum, einfach zu behaupten, dass „viel los war". Nein, das wäre Anfänger-Niveau. Die wahre Kunst liegt in der emotionalen Dramaturgie deiner Erzählung. Du bist nicht einfach nur im Stau steckengeblieben, du warst ein tragischer Held in einer epischen Saga aus Asphalt, Hupkonzerten und gebrochenen Träumen.

Und das Beste? Dein Publikum wird sich mit dir solidarisieren. Jeder im Büro hat diesen Moment schon erlebt, in dem man im Auto sitzt und langsam realisiert: „Okay, das war's mit der Pünktlichkeit!" Also nutze es. Schmücke dein Martyrium aus, füge eine Prise Selbstironie hinzu, und du verwandelst eine profane Verspätung in eine legendäre Büroanekdote.

CHECKLISTE FÜR DIE PERFEKTE VERKEHRSAUSREDE:

- [ ] **Unkontrollierbarkeit sicherstellen**
  Baustellen, Unfälle, eine spontane Radtour von 500 Rentnern – Hauptsache, du warst machtlos.
- [ ] **Verkehrschaos logisch unlogisch erklären**
  Der Stau kam aus dem Nichts und blieb aus Prinzip. Niemand hinterfragt das, weil es einfach stimmt.
- [ ] **Ein absurd-konkretes Detail einbauen**
  „Ein Smart und ein SUV versuchten, gleichzeitig rückwärts einzuparken. Keiner überlebte."
- [ ] **Die emotionale Komponente nicht vergessen**
  Schwere Seufzer, müde Blicke. Du hast nicht nur Zeit verloren, sondern einen Teil deiner Seele.
- [ ] **Die ultimative Stau-Plausibilität nutzen**
  Nenne eine bekannte Stau-Hölle, aber bleib vage. Niemand will es nachprüfen, aber alle fühlen es.
- [ ] **Zeitschindung elegant übertreiben**
  „Ich hätte währenddessen eine neue Sprache lernen können. Stattdessen habe ich aufs Lenkrad gestarrt."
- [ ] **Die Exit-Strategie parat haben**
  Wenn jemand nachhakt: „Lass mich nicht drüber reden ..." und leerer Blick ins Nichts. Thema erledigt.

Profi-Tipp

Verkehrsausreden sind nicht nur Schutzschilder gegen Büro-Tadel. Sie sind eine Kunstform: Meistere sie mit der richtigen Mischung aus Unvermeidbarkeit, Tragik und einer Prise Humor, und du wirst nie wieder eine Verspätung erklären müssen. Nur beklagen.

TECHNIK, DIE GEGEN DICH IST

Es gibt zwei Arten von Menschen: Diejenigen, die glauben, Technik sei eine Erleichterung und jene, die schon einmal erlebt haben, wie sich ein Drucker aus reinem Trotz weigert, schwarz-weiß zu drucken, weil Magenta „fast leer" ist.

Technikpannen sind die Champions League der Ausreden: Jeder kennt sie, jeder hasst sie – und niemand kann wirklich beweisen, dass du lügst. Denn wenn Technik versagt, dann mit Stil. Nicht einfach nur „kaputt", sondern mit maximaler Irrationalität. Wecker, die sich über Nacht selbstständig ausschalten, weil ein Update „wichtiger" war als dein Arbeitsbeginn. Laptops, die ausgerechnet beim Hochfahren in eine existenzielle Krise geraten. Oder das WLAN, das sich in eine spirituelle Selbstfindungsphase verabschiedet.

Das Beste daran? Technikprobleme sind wie Bürokaffee: Sie passieren jedem. Niemand wird dich fragen, ob du es „nochmal versucht" hast – alle wissen: Wenn die Maschine einmal beschlossen hat, gegen dich zu arbeiten, dann hilft nur noch resigniertes Fluchen.

DIE BESTEN TECHNIK-AUSREDEN:

1. Der Smart-Wecker hatte eine Sinnkrise. Er entschied sich, meinen Schlaf zu optimieren, indem er mich einfach weiterschlafen ließ. Künstliche Intelligenz in ihrer bösartigsten Form.

2. Mein Laptop hat sich für ein spontanes Sabbatical entschieden. Blauer Bildschirm, panischer Neustart, Update bei 3 Prozent. Ich hätte nebenbei ein Haus bauen können.

3. Die Kaffeemaschine meldete ‚Fehler 404: Koffein nicht gefunden' und wollte erst meditieren.

4. Das WLAN hat beschlossen, sich sozial zu distanzieren – ausgerechnet heute.

5. Mein Drucker hat entschieden, spontan Origami zu lernen und jedes Blatt zu einem Papierkunstwerk zu falten. Das Finale war ein Kranich, der den Druckauftrag verweigerte.

PROFI-TIPP: DIE PERFEKTE TECHNIK-AUSREDE INSZENIEREN

- **Glaubhafte Verzweiflung:** Seufzen, den Kopf schütteln, kurz auf imaginäre Fehlermeldungen starren. So sieht echtes Technik-Leid aus.
- **Halbherzige Lösungsversuche andeuten:** „Ich habe ALLES versucht. Sogar den klassischen IT-Support-Trick: Ein- und Ausschalten."
- **Selbstmitleid geschickt dosieren:** „Warum immer ich? Es ist, als würde die Technik mich persönlich sabotieren."

Und das Beste: Niemand wird je überprüfen, ob dein Smart-Wecker wirklich rebelliert hat. Willkommen in der Zukunft, wo die Technik dich zuverlässig im Stich lässt, wenn du sie am meisten brauchst.

HAUSTIERE UND IHR UNERMÜDLICHER KAMPF GEGEN PÜNKTLICHKEIT

Haustiere haben eine besondere Gabe: Sie spüren, wenn du es eilig hast und entscheiden genau dann, ihr komplettes Wesen zu hinterfragen. Die Katze meditiert über die Sinnlosigkeit des Futters, der Hund inszeniert eine rührselige Abschiedsszene, als würdest du für eine Arktis-Expedition aufbrechen, und das Chamäleon meldet sich mit einer formellen Beschwerde über die Raumtemperatur.

Kurz gesagt: Wer Haustiere hat, lebt mit unberechenbaren Drama-Künstlern auf vier Pfoten, Flügeln oder Schuppen. Und genau das macht sie perfekt als Ausrede. Denn wer würde bezweifeln, dass ein Wellensittich eine existenzielle Krise hatte oder eine Schildkröte mitten im Kriechmarathon steckte?

Kurz gesagt: Wer Haustiere hat, lebt mit unberechenbaren Drama-Künstlern auf vier Pfoten, Flügeln oder Schuppen. Und genau das macht sie perfekt als Ausrede. Denn wer würde bezweifeln, dass ein Wellensittich eine existenzielle Krise hatte oder eine Schildkröte mitten im Kriechmarathon steckte?

DIE BESTEN HAUSTIERE FÜR GENIALE VERSPÄTUNGS-AUSREDEN

SCHILDKRÖTE – DAS BIO-TEMPO-DILEMMA

„Sie war mitten auf ihrer täglichen Expedition zur Wasserschale. Hätte ich sie unterbrochen, hätte ich mir das nächste Jahr anhören können, wie rücksichtslos ich bin."

PAPAGEI – DER LAUTE PROBLEMFALL

„Er hat mit seinem Spiegelbild gestritten und bestand auf eine professionelle Mediation. Ich war sein einziger verfügbarer Anwalt."

GOLDFISCH – DAS UNAUFFÄLLIGE, ABER TIEFGRÜNDIGE DRAMA

„Er zog so dramatische Bahnen, dass ich dachte, er bereitet sich auf eine Netflix-Doku vor: Mein Leben im Glas – Zwischen Traum und Trauma."

HUND – DER EMOTIONALE MANIPULATOR

„Er hat sich mit einem Blick vor die Tür gesetzt, als müsste ich mich zwischen Karriere und seiner tiefen Enttäuschung entscheiden. Ich habe versucht zu gehen. Ich habe versagt."

KATZE – DIE EIGENTLICHE HAUSHERRIN

„Der Kratzbaum war nicht richtig ausgerichtet. Ich musste handeln, weil mich das wild miauende und kratzende Wesen nicht aus der Wohnung gelassen hat."

CHAMÄLEON – DER SPEZIALIST FÜR SPONTANE AUFLÖSUNGEN

„Es hat sich erfolgreich in den Teppich integriert, und ich musste erst mit philosophischer Geduld herausfinden, ob es noch existiert.""

HAMSTER – DER ÜBERAMBITIONIERTE LÄUFER

„Er war im Laufrad so motiviert, dass ich sicher war, er arbeitet an einem Konzept zur Eigenstromproduktion. Ich wollte den Innovationsgeist nicht bremsen."

MEERSCHWEINCHEN – DIE BELEIDIGTE DIVA

„Es war sauer, weil ich gestern zu wenig gekrault habe. Seitdem: Totale Blockade im Laufrad. Ich musste verhandeln."

GEHEIMMISSIONEN AM MORGEN – WIE DU MIT ABSURDEN, ABER SMARTEN GESCHICHTEN FÜR RESPEKT SORGST.

Haustiere haben eine besondere Gabe: Sie spüren, wenn du es eilig hast und entscheiden genau dann, ihr komplettes Wesen zu hinterfragen. Die Katze meditiert über die Sinnlosigkeit des Futters, der Hund inszeniert eine rührselige Abschiedsszene, als würdest du für eine Arktis-Expedition aufbrechen, und das Chamäleon meldet sich mit einer formellen Beschwerde über die Raumtemperatur.

Kurz gesagt: Wer Haustiere hat, lebt mit unberechenbaren Drama-Künstlern auf vier Pfoten, Flügeln oder Schuppen. Und genau das macht sie perfekt als Ausrede. Denn wer würde bezweifeln, dass ein Wellensittich eine existenzielle Krise hatte oder eine Schildkröte mitten im Kriechmarathon steckte?

Morgens passieren Dinge, die eigentlich nur in Spionagefilmen vorkommen – zumindest, wenn du es überzeugend erzählst. Warum also nicht zu spät kommen, weil du „unfreiwillig" in eine Geheimmission verwickelt wurdest? Der Trick ist, dass deine Story gleichzeitig überzogen und doch charmant glaubwürdig wirkt.

TOP 10 GEHEIMMISSIONSVOKABELN FÜR DEINE PERFEKTE AUSREDE

1. OPERATION

Alles klingt dramatischer, wenn es „Operation" davor hat. „Operation Frühstücksbrot" klingt gleich nach einem hochbrisanten Auftrag im Grenzgebiet deiner Küche.

2. CODE RED

Ein Begriff, der nach Großalarm schreit. „Es war ein absoluter Code Red – ich hatte noch 2 Prozent Akku und musste eine Fahrkarte kaufen!"

3. UNDERCOVER

Unter „Undercover" läuft selbst der Gang zum Bäcker als verdeckte Mission. „Ich war undercover unterwegs, um einen Donut-Espresso-Deal zu vereiteln."

4. EXTRACTION POINT

Der Ausstiegspunkt jeder Actionstory. „Ich habe es bis zum Auto geschafft, aber der Extraction Point wurde von einer Nachbarin blockiert, die über Gartenzwerge referieren wollte."

5. KONTAKTSPERRE

Der perfekte Begriff für Funkstille und technische Pannen. „Ich war in Kontaktsperre – mein Handy hat beschlossen, auf Stumm-Modus zu schalten."

6. ZIELPERSON

Macht jede Story komplexer. „Die Zielperson war meine Katze. Und ja, sie hat meine Socke als Geisel genommen."

7. TARNKAPPE

Passt zu jeder Ausrede, die mit Unauffälligkeit zu tun hat. „Meine Tarnkappe hat mitten auf dem Zebrastreifen den Dienst quittiert – ich musste improvisieren."

8. BLACKOUT

Weckt Bilder von kompletten Systemausfällen. „Es gab einen totalen Blackout – und der Kaffee stand mit verschränkten Bohnen daneben."

9. ENTSCHLÜSSELUNG

Klingt nach Hochintelligenz. „Ich habe versucht, das WLAN-Passwort zu entschlüsseln, das aussah wie der Stammbaum der Pharaonen."

10. SONDEREINHEIT

Erweckt den Eindruck, dass du einen Spezialauftrag hattest. „Ich bin die Sondereinheit ‚Brötchen-Taskforce' – aber meine Mission wurde durch einen Mohnnotstand sabotiert."

Das Beste an diesen Geschichten: Sie sind so herrlich verrückt, dass man sie fast glauben möchte – und selbst wenn nicht, sorgst du für gute Laune. Außerdem: Wer wäre nicht beeindruckt von jemandem, der nicht nur die Welt rettet, sondern auch noch pünktlich sein will, es aber leider ganz knapp nicht schafft? Seufze am Ende tief und sag „Und das alles, bevor ich überhaupt einen Schluck Kaffee hatte." und du bist der Held des Büros.

MEINE HEUTIGE MISSION

(bitte ausfüllen und möglichst dramatisch erzählen):

OPERATION:

____

ZIELPERSON:

____

HINDERNIS:

____

Extraction Point erreicht?

- [ ] Ja.
- [ ] Nein – Mission gescheitert, musste Kaffee holen.

Büro-Pünktlichkeit ist gut. Aber ein episches Abenteuer vor 9 Uhr? Noch viel besser!

HELDENHAFTER EINMARSCH

Es gibt zwei Arten von Menschen, die zu spät ins Büro kommen: Die, die leise hereinschleichen, den Kopf senken und hoffen, dass niemand sie bemerkt, und dann gibt es dich, den Büro-Bond und die Büro-Miss-Moneypenny. Deine Rückkehr ist kein schlichter Eintritt, sondern eine Inszenierung, ein Meisterwerk der Körpersprache, das signalisiert: ***Ich bin hier, weil ich Großes vollbracht habe.***

Du öffnest die Tür mit genau dem richtigen Maß an Dramatik. Kein überflüssiges Türknallen, aber genug Schwung, dass sich alle kurz umdrehen. Dein Blick schweift über die Schreibtische, als würdest du einen Lagebericht einholen. In deinem Kopf spielt der Soundtrack deines Lebens, irgendwas mit epischen Trommeln und Streichern, weil du weißt, dass jetzt dein Moment gekommen ist.

Du atmest einmal tief durch, als hättest du gerade drei Etagen erklommen, um die Büroflagge auf dem Gipfel zu hissen. Deine Tasche hängt locker über der Schulter, dein Mantel weht – zumindest stellst du dir das vor. Und während die erste Kollegin verwundert fragt „Alles okay?", bringst du deinen legendären Satz „Alles im Griff. Die Welt wollte mich noch kurz aufhalten, aber keine Sorge, ich habe gewonnen".

Du machst den ersten Schritt Richtung Arbeitsplatz – nein, Richtung Bühne. Ein langsamer Seufzer: „Ihr könnt euch nicht vorstellen, was ich erlebt habe." Und genau in diesem Moment weißt du: Es fragt keiner mehr nach der Uhrzeit. Warum? Weil sie alle gespannt darauf warten, was als Nächstes passiert.

Zu spät kommen? Das war gestern. Heute bist du nicht zu spät - du bist das Event des Tages.

KAPITEL 2:
KAFFEE, SMALL TALK UND ANDERE ZEITFRESSER

Wie du mehr Zeit in der Kaffeeküche
als am Schreibtisch verbringst.

Der Tag im Büro beginnt nicht am Schreibtisch – sondern in der Kaffeeküche, dem geheimen Epizentrum der Bürokultur. Hier entscheidet sich dein Schicksal: Wirst du zum Koffeinhelden oder scheiterst du kläglich an „Bohnen nachfüllen"?

Die Kaffeemaschine ist dein Verbündeter, wenn du sie zu nutzen weißt. Während sie zischt und blubbert, blickst du bedeutungsvoll auf die Tropfschale, als würdest du eine strategische Entscheidung treffen. Ein leises Seufzen, und du bist offiziell der Kaffee-Martyrer – der Büroheld, der nie aufgibt.

Doch der wahre Gegner lauert im Hintergrund: Small Talk. Diese Gespräche, die niemand braucht, aber perfekt dazu dienen, die Rückkehr an den Schreibtisch hinauszuzögern. Doch du bist vorbereitet. Ein knappes Nicken bei „Schon wach?" reicht. Der Espresso kämpft schließlich härter als du.

Wenn du die Kaffeeküche verlässt, bist du nicht nur vollgetankt mit Koffein, sondern auch mit einer Story, die den Tag überleben lässt. Und wer würde es wagen, jemandem wie dir eine Deadline zuzumuten? Immerhin warst du kurz davor, den Nobelpreis in „Latte-Art" zu gewinnen.

DIE KUNST DER KAFFEE-KÜCHEN-VERWEILDAUER

Hier wird aus einem banalen „Ich hole mir schnell einen Kaffee" ein episches Ritual, bei dem du Zeit dehnst wie ein Physikprofessor, der die Relativitätstheorie am eigenen Körper testet. Die Kaffeeküche ist dein Labor, dein Tempel, dein geschützter Raum – und dein bester Vorwand, um dem Arbeitsalltag kurzzeitig zu entkommen. Das Ziel? So lange bleiben, dass du moralisch gestärkt bist, aber kurz genug, um nicht als Verdächtiger der Inaktivität aufzufallen. Es ist ein Tanz auf der Rasierklinge zwischen „wichtig beschäftigt" und „unangreifbar ineffizient".

DOCH VORSICHT!

Jeder im Büro kennt diesen heiligen Ort. Die Konkurrenz schläft nicht – sie umrührt. Und mit den richtigen, technisch klingenden Ausreden wird aus deinem Kaffeegang ein Meisterwerk der Verweildauer, das nicht nur dein Stresslevel senkt, sondern auch Respekt einbringt. Zeit schinden war noch nie so elegant.

ZEITSCHINDER-GENERATOR: DEINE ULTIMATIVE ANLEITUNG FÜR EINEN LÄNGEREN AUFENTHALT IN DER KAFFEEKÜCHE

Wie funktioniert's?

Wähle aus jeder Spalte einen Punkt und kombiniere sie zu einer Ausrede, die so überzeugend ist, dass sie fast wie eine wissenschaftliche Studie klingt. Und vergiss nicht: Eine erhobene Augenbraue oder ein prüfender Blick in die Ferne macht alles doppelt überzeugend.

VERHALTEN	GRUND	ALIBI
Auf die Kaffeemaschine starren	ungewöhnliche Konsistenz	„Ich wollte sicherstellen, dass keine physikalischen Gesetze verletzt werden."
Tasse langsam umrühren	Ominöses Zischen	„Ich habe das Gleichgewicht zwischen Tassen und Tellern wiederhergestellt."
Schubladen öffnen und schließen	Zuckermenge wirkte zu gering	„Das klingt verdächtig nach einem Frühwarnsystem."
Tropfschale herausnehmen	Der Filter war „komisch eingelegt"	„Ich rette gerade alle vor einer Mini-Sintflut."
Zuckerbehälter prüfen	Gewicht zu gering	„Ich habe eine Überschwemmung verhindert, bevor sie viral ging."
Spülmaschine inspizieren	Wasserstand sah kritisch aus	„Ohne Löffel steht die Kaffeezivilisation auf dem Spiel."
Müllbeutel kontrollieren	Schaum wirkte zu unruhig	„Es sah nach Anarchie aus – ich musste einschreiten."

Lappen auswringen	Tassen-Sortierung unklar	„Ich teste gerade das Schwammverhalten bei Überflutung.“
Filterhalter herausnehmen	Ominöses ZischenMaschine „klang wie ein alter Staubsauger“	„Ein falsch gelegter Filter ist das Kaffee-Pendant zu einem Knoten im Raum-Zeit-Kontinuum.“
Schranktür offen stehen lassen	Löffel fehlte	„Ich musste die Tassen-Lücke schließen, bevor das Chaos ausbricht.“

ZUSÄTZLICHER BONUS-TIPP FÜR NOCH MEHR VERWEILDAUER

Falls jemand skeptisch wird, einfach tief seufzen und sagen:

- „Es gibt so viel, was bei Kaffee schiefgehen kann … Ich möchte nur sicherstellen, dass wir alle sicher durch den Tag kommen.“
- „Ich nehme das hier nicht auf die leichte Schulter – wir alle wissen, was ein schlechter Kaffee mit der Büro-Moral anrichtet.“

TEE VS. KAFFEE: WARUM DIE ZUBEREITUNG EINES TEES EIN ECHTER ZEITSCHINDER IST

Teetrinker haben im Büro einen schweren Stand. Während der Kaffeetrinker einfach nur einen Knopf drückt und zack – musst du als Teetrinker mit höchster Präzision und Geduld arbeiten. Tee ist kein Getränk, Tee ist ein Ritual, eine Zeremonie, eine Zerreißprobe für die Bürogeduld. Deshalb verdienst du nicht nur mehr Zeit, sondern auch Respekt. Hier eine Vergleichsliste, die zeigt, warum Teetrinker eindeutig im Vorteil sind. Zumindest, wenn es um raffinierte Zeitverzögerung geht.

1. WASSERBEREITUNG

Bevor du überhaupt starten kannst, muss das Wasser in den perfekten Aggregatzustand übergehen. Schwarztee will kochen wie ein Vulkan, Grüner Tee nur sanft sieden wie ein Zen-Meister. Während der Kaffeetrinker einfach den Knopf drückt, stehst du wie ein Alchemist vor dem Wasserkocher und lauschst dem Blubbern, bis der perfekte Moment kommt.

2. DAS TEEBEUTEL-DILEMMA

Kaffeetrinker werfen eine Kapsel rein oder kippen Pulver nach Augenmaß. Du dagegen entscheidest dich mit Bedacht für den richtigen Beutel und platzierst ihn so sorgsam in der Tasse, als würdest du eine historische Landung koordinieren. Und wehe, du bewegst ihn zu viel – das Aroma könnte beleidigt die Tasse verlassen.

3. AUFGIEßEN

Während der Kaffee mit einem aggressiven Strahl durch den Filter geschossen wird, gießt du mit Bedacht ein. Dein Aufguss ist ein präziser Wasserfall, der sanft jedes Teeblatt benetzt. Ein falscher Schwung und es schmeckt nach Chaos statt Ruhe.

4. ZUTATENCHECK

Während die Kaffeemaschine einfach Milch und Zucker dazugibt, prüfst du: Ist das Wasser noch heiß genug? Braucht der Tee Honig oder nur den puren Geschmack? Und wenn es Zitrone wird – sollte sie kunstvoll auf der Tassenkante balancieren oder in die Tiefe gleiten?

5. ZIEHZEIT

Während der Kaffee in wenigen Sekunden durchrauscht, beginnt für dich die große Geduldsprüfung. Drei Minuten oder doch viereinhalb? Du stehst da wie ein Meister der Meditation, während der Tee in seiner eigenen Zeitdimension reift.

6. FEINSCHLIFF

Während der Kaffeetrinker seinen Becher schnappt und abzieht, schwenkst du die Tasse sanft, prüfst die Farbe und testest das Aroma. Dein Tee muss nicht nur schmecken – er muss eine Botschaft haben.

WELCHER TEE IST DEIN MEISTER DER ZEITVERZÖGERUNG?

- ☐ ***Weißer Tee***
  Braucht ewig, mehrere Aufgüsse möglich.
  Eine wahre Langzeitinvestition.

- ☐ ***Grüner Tee***
  Das Wasser muss perfekt temperiert sein.
  Eine Wissenschaft, kein Getränk.

- ☐ ***Schwarzer Tee***
  Extra langer Ziehprozess für „maximale Aromafreisetzung".
  Und Wartezeit.

- ☐ ***Kräutertee***
  „Braucht noch ein bisschen", weil die Blätter angeblich erst ihre volle Kraft entfalten müssen.

- ☐ ***Oolong-Tee***
  Nicht Fisch, nicht Fleisch – aber Hauptsache 5+ Minuten Ziehzeit.

- ☐ ***Mate-Tee***
  Mit jedem Nachfüllen wird's besser.
  Und es gibt viele Nachfüllungen.

- ☐ ***Chai***
  Erst kochen, dann ziehen lassen, anschließend Gewürze justieren. Perfekt für ein ausgedehntes Tee-Ritual.

- ☐ ***Pu-Erh-Tee***
  Muss „atmen", „reifen" und „seine volle Tiefe entfalten".
  Du bist also beschäftigt.

SMALL TALK: WENN WORTE ZEIT STEHLEN

Viele betrachten Small Talk als notwendiges Übel, als belanglose Floskeln, die nur wertvolle Zeit verschwenden. Falsch! Small Talk ist kein Hindernis, es ist dein Werkzeug. Es lenkt ab, kostet Zeit und verhindert, dass jemand merkt, wie wenig du tatsächlich machst. Wenn du es richtig anstellst, kannst du mit ein paar gut platzierten Worten eine ganze Kaffeepause in eine bedeutungsschwangere Debatte über Büro-Klimaanlagen verwandeln.

Die wichtigste Regel: Niemals Small Talk vermeiden. Nur Amateure weichen aus, nicken kurz und ziehen weiter. Profis steigen tief ein und verlängern das Gespräch so geschickt, dass selbst der geduldigste Gesprächspartner irgendwann vergisst, warum er überhaupt angefangen hat zu reden.

Wie du das meisterst? Ganz einfach. Es gibt bewährte Small-Talk-Techniken, mit denen du nicht nur Sympathiepunkte sammelst, sondern auch den Arbeitstag auf ein angenehmes Maß reduzierst. Hier sind deine besten Taktiken, um Small Talk so auszudehnen, dass er als Arbeitszeit durchgeht.

TAKTIK 1: DAS UNENDLICHE WETTER-GESPRÄCH

„Ganz schön kalt draußen, oder?" – Perfekt. Lass dich auf eine epische Analyse ein: „Ja, und ich denke, das liegt an der globalen Verschiebung der Jetstreams." Wirke so ernsthaft wie möglich. Noch besser: Zeig mit einem imaginären Laserpointer in die Luft und murmele was von „Tiefdruckgebieten". Zack – mindestens fünf Minuten, in denen du nicht arbeiten musst.

TAKTIK 2: DER KAFFEEKÜCHEN-PHILOSOPH

„Na, auch müde?" – Deine Chance, groß aufzuspielen: „Weißt du, Müdigkeit ist ein gesellschaftliches Konstrukt. Wenn wir auf natürliche Schlafzyklen hören würden ..." Jetzt einfach weitermachen, bis dein Gesprächspartner realisiert, dass du nie zum Punkt kommst. Glückwunsch – du hast dir die Zeit für einen zweiten Kaffee erquatscht.

TAKTIK 3: DIE FOOD-KETTE DES BÜROS

„Hast du den neuen Kaffee probiert?" – Spiel die Gourmetkarte: „Ja, aber ich finde, er hat eine subtile Note von verbrannten Träumen." Lass den anderen zustimmen und steig ein: „Genau, und der Abgang erinnert mich an die Kantine von 2015. Was meinst du?" Plötzlich bist du mitten in einer sinnlosen Diskussion. Wer arbeitet schon, während er über Bohnen philosophiert?

TAKTIK 4: DIE PSYCHOANALYSE-PAUSE

„Du siehst gestresst aus." – Das ist dein Signal. Schau tief in die Tasse und sag: „Das liegt daran, dass ich versucht habe, dem Drucker meine Seele zu erklären." Lächle mysteriös und zieh dein Gegenüber in ein Gespräch über Drucker, die deinen Arbeitsflow sabotieren. Bonuspunkte, wenn du eine wilde Theorie einbaust, dass die Technik mit Absicht gegen dich arbeitet.

TAKTIK 5: DER SMALL-TALK-DOMINATOR

Der Kollege redet ununterbrochen? Spiel den Konter: „Du hast recht. Wusstest du, dass wir 80 Prozent unserer Zeit in Gesprächen verbringen, die wir sofort vergessen?" Mach eine Pause und füge nachdenklich hinzu: „Das bedeutet, wir sind Teil von etwas Größerem." Jetzt hat dein Gesprächspartner einen Denkanstoß und du kannst die Kaffeemaschine neu befüllen, ohne aufzuräumen.

SMALL-TALK-BINGO – DEIN SCHLÜSSEL ZUR KAFFEEPAUSENVERLÄNGERUNG

Hier kommt das Small-Talk-Bingo ins Spiel: Dein persönlicher Leitfaden, um sinnlose Bürogespräche gekonnt in die Länge zu ziehen. Die Regeln sind einfach: Bringe so viele dieser Floskeln wie möglich im Laufe des Tages unter – je mehr, desto länger deine legitime Auszeit.

SPIELMODUS

- *4 in einer Reihe? Du darfst noch 5 Minuten in der Kaffeeküche bleiben.*
- *Jedes Feld getroffen? Glückwunsch, du hast offiziell das Minimum an diesem Arbeitstag geleistet!*

Schon wieder Montag...	**Boah, was ein Wetter!**	**Heute zieht sich's irgendwie...**	**Wie war dein Wochenende?**
Krass, schon wieder Mittwoch?!	**Hast du das Meeting überlebt?**	**Ist die Kaffeemaschine kaputt?**	**Noch viel zu tun heute?**
Du warst doch im Urlaub, oder?	**Puh, diese Woche geht nicht rum...**	**Weißt du, was es in der Kantine gibt?**	**Ich brauch schon wieder Kaffee.**
Oh wow, schon Feierabend bei dir?	**Irgendwas ist heute komisch in der Luft...**	**Ich war noch nicht einmal draußen heute!**	**Wie kann's denn bitte schon wieder so spät sein?**

SONSTIGE ZEITFRESSER: WARUM DIE KAFFEEKÜCHE EINE WUNDERTÜTE IST

Die Kaffeeküche ist kein bloßer Raum, sie ist ein magisches Paralleluniversum. Hier lauern die kreativsten Hindernisse, die dich davon abhalten, auch nur einen Funken Produktivität zu entfalten. Und das Beste daran? Niemand wird je bemerken, dass du gar nicht vorhattest zu arbeiten.

Warum also die wertvolle Zeit in der Kaffeeküche mit schnellem Kommen und Gehen verschwenden, wenn du sie in eine Meisterklasse des Zeitschindens verwandeln kannst? Hier sind die raffiniertesten Ablenkungsstrategien, die dich (fast) unschuldig länger verweilen lassen.

DIE SALZ-VS.-ZUCKER-DEBATTE

Irgendwo in der Ecke steht ein Behälter ohne Beschriftung. Ist das Zucker? Salz? Ein unbekanntes Element? Du schüttest etwas auf die Hand, riechst daran, schmeckst vorsichtig (aber dramatisch) und spekulierst über die Chemie hinter Bürokrümeln.

DER KÜHLSCHRANK-ARCHÄOLOGE

Du öffnest die Tür und fühlst dich wie ein Archäologe auf einer geheimnisvollen Grabung. Zwischen dem halb durchsichtigen Glas voller mysteriöser Flüssigkeit und einem Joghurt, dessen Mindesthaltbarkeitsdatum eher ein Vorschlag war, entdeckst du eine Alufolienrolle, die aussieht, als wäre sie seit der letzten Eiszeit dort. Du kannst nicht widerstehen: Was ist das? Ein Relikt aus der Weihnachtsfeier? Das letzte Überbleibsel eines längst vergessenen Snacks? Deine Mission wird klar: Du musst die Ursprünge dieser Schätze entschlüsseln. Du schnüffelst vorsichtig, schüttelst eine Flasche, murmelst was von „Anthropologie auf höchstem Niveau" und schließt die Tür mit einem Seufzer. Ergebnis: Du bist kein bisschen klüger, aber ein paar Minuten näher am Feierabend.

DIE TASSEN-TOMBOLA

Vor dir steht ein Berg Tassen und natürlich findest du deine nicht. Du beginnst eine Tassen-Lotterie, in der du jede umdrehst, schwenkst und prüfst, ob sie die richtige ist. Ist sie es nicht? Dann startet Runde zwei: Welche Tasse sieht aus, als hätte sie den besten Kaffeegeschmack? Ergebnis: Fünf Minuten intensivster Geschirrkunde.

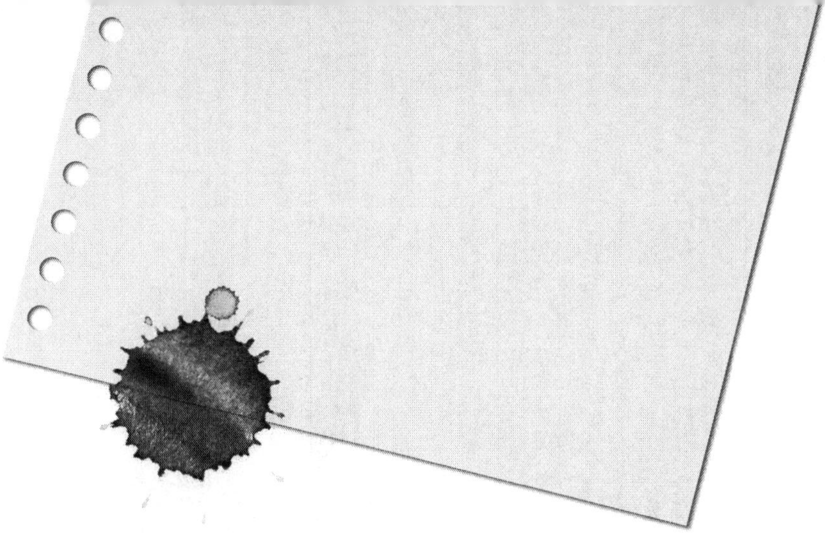

DAS „WOHER KOMMT DAS?"-PHÄNOMEN

Ein einzelner Keks, der scheinbar aus dem Nichts auf der Theke liegt. Warum ist er da? Von wem wurde er hinterlassen? Ist er noch essbar? Diese philosophische Analyse eines Backwerks kann dich tiefer beschäftigen, als du es jemals zugeben würdest.

DIE SCHUBLADEN-SAFARI

Du suchst einen Löffel, findest aber nur Plastiktüten, alte Gummibänder und ein mysteriöses Teil, das aus der Kantinenära von 1999 stammen könnte. Natürlich hörst du nicht auf, bis du die Schublade komplett umgeräumt hast – und am Ende entdeckst du einen einzigen Löffel. Mission erfüllt, 12 Minuten weg..

DER RÜCKWEG ZUM SCHREIBTISCH: DER ABGANG EINES CHAMPIONS

Der Rückweg zum Schreibtisch ist mehr als nur eine notwendige Bewegung. Er ist eine Inszenierung. In diesen wenigen Sekunden entscheidest du, welches Bild du im Büro hinterlässt. Bist du der vielbeschäftigte Profi, der scheinbar aus einer wichtigen Besprechung kommt? Der tief in Gedanken versunkene Visionär, dem gerade die nächste große Idee gekommen ist? Oder bist du einfach nur jemand, der geschickt ein paar extra Minuten aus der Kaffeepause herausquetscht?

Das Beste daran: Niemand hinterfragt deinen Rückweg. Vielleicht hast du gerade eine bahnbrechende Innovation in der Kaffeeküche erarbeitet. Vielleicht hast du einfach nur eine sehr lange Konversation mit der Milchschaumdüse geführt. Egal was passiert ist, dein Rückweg entscheidet, wie es nach außen wirkt.

Hier kommen die besten Moves, um nicht nur stilvoll mit einer Tasse Kaffee an deinen Platz zurückzukehren, sondern dabei gleichzeitig die perfekte Aura von Bedeutung, Geschäftigkeit oder einfach purem Charisma auszustrahlen.

DER MANAGER-MOVE

Schnapp dir einen zufälligen Zettel oder einen Stift und lass ihn beiläufig in deiner Hand baumeln. Es sieht aus, als würdest du gleich jemanden „briefen", auch wenn es nur der Kaffeefleck auf deinem Schreibtisch ist.

DER BUSY-MOVE

Halte dein Handy in der einen und die Tasse in der anderen Hand. Starr intensiv auf den Bildschirm, als würdest du eine kritische E-Mail lesen. Niemand wird dich ansprechen, denn du bist eindeutig „in the zone".

DER INSPIRATIONSMOVE

Geh langsam, starre in die Tasse und nicke gelegentlich, als würdest du über bahnbrechende Ideen nachdenken. Der Subtext: „Das hier ist nicht nur Kaffee, das ist meine kreative Treibstoffquelle."

DER SOCIAL-MOVE

Lächle und grüße Kollegen auf dem Rückweg, aber ohne anzuhalten. Jeder denkt, du bist super kommunikativ, während du eigentlich nur Zeit schindest.

DER KONTROLL-MOVE

Wirke beschäftigt, indem du prüfend in Richtung Drucker, Schreibtische oder Abfalleimer schaust. Niemand hinterfragt deinen Weg, wenn du dabei aussiehst wie der Hüter des Büros.

DER SHORTCUT-MOVE

Bleib unterwegs scheinbar zufällig stehen, nippe an deiner Tasse und schau bedeutungsvoll in die Ferne. Es wirkt, als würdest du einen inneren Konflikt mit der Kaffeemaschine verarbeiten.

DER NINJA-MOVE

Lautlos und unauffällig, fast unsichtbar. Du bewegst dich wie ein Schatten – die perfekte Tarnung für den, der nichts erledigen will.

EXTRA-MOVES FÜR FORTGESCHRITTENE

DER MEETING-MOVE

Laufe langsam, runzle die Stirn, als würdest du gerade ein Problem lösen, und setze dich mit einem leichten Kopfschütteln an deinen Platz.

DER „ICH HABE WAS VERGESSEN!"-MOVE

Drehe auf halber Strecke um, als hättest du in der Kaffeeküche etwas liegen lassen. Nachdem du einige Sekunden darüber nachgedacht hast, entschließt du dich, es nicht zu holen – extralange Verzögerung inklusive.

DER WASSERHOLEN-MOVE

Nach dem Kaffee drehst du nochmal eine Extrarunde zum Wasserspender. Doppelte Auszeit, doppelte Wirkung.

KAPITEL 3: MEETINGS SIND DIE WELLNESS-OASEN DES BÜROS

Entspannung pur:
Wie du in Meetings alles machst
außer zu arbeiten und trotzdem
als engagiert durchgehst.

SYNERGIE
OPTIMIERUNG
2030

Meetings – der Moment, in dem das Büro kollektiv so tut, als würde es Dinge erledigen, während in Wahrheit niemand genau weiß, warum man hier ist. Und das ist großartig! Denn Meetings sind die heimlichen Wellness-Oasen des Büroalltags. Wo sonst kannst du dich offiziell hinsetzen, die Stirn in Konzentration legen und gleichzeitig mentale To-do-Listen abarbeiten, die nichts mit der Arbeit zu tun haben?

Du kennst das: Die PowerPoint-Präsentation hat mehr Folien als die Bibel Kapitel, und der Kollege erklärt mit leuchtenden Augen eine Grafik, die nicht mal er selbst versteht. Dein Move? Das Kinn auf die Hand stützen, leicht nicken, als hättest du gerade eine bahnbrechende Erkenntnis. In Wirklichkeit bist du tief im Gedankenexperiment: Pizza oder doch Thai heute Abend?

Dann kommt der Moment der peinlichen Stille. Alle wissen, jemand sollte etwas sagen, aber niemand will. Dein Einsatz: Ein nachdenkliches „Hm ..." und dann ein gezielter Pass „Ich denke, das ist ein interessanter Punkt. Was meinst du, Anna?". Genial! Du klingst engagiert, ohne irgendetwas beizutragen. Meetings sind wie Spa-Behandlungen: beruhigende Projektorengeräusche, Klimaanlagenbrise und die entspannte Sicherheit, dass du hier nichts Dringendes tun musst.

DER ERSTE EINDRUCK ZÄHLT

Der erste Schritt in ein Meeting ist wie der erste Schritt auf den roten Teppich: Wer ihn vergeigt, kann sich den Rest des Auftritts sparen. Es geht nicht darum, einen Stuhl zu besetzen, sondern eine Präsenz zu etablieren, die signalisiert: Ich bin hier, weil es wichtig ist, dass ich hier bin. Und das Beste? Du musst nicht einmal vorbereitet sein. Meetings sind selten Orte bahnbrechender Innovationen, aber sie sind Bühnen der Selbstdarstellung. Derjenige, der am überzeugendsten aussieht, gewinnt. Es ist egal, ob du tatsächlich etwas zum Thema beizutragen hast, solange du wirkst, als hättest du alles in der Hand.

Das heißt: Schon dein Eintreten entscheidet über deine Position im Raum – sowohl physisch als auch in der internen Büro-Hackordnung. Denn die unausgesprochene Wahrheit ist: Meetings sind oft nicht dazu da, Probleme zu lösen, sondern Hierarchien zu bestimmen. Und mit den richtigen Strategien kannst du dich geschickt in eine vorteilhafte Position manövrieren, ohne tatsächlich etwas Produktives zu tun.

Hier sind die besten Taktiken, um nicht nur an einem Meeting teilzunehmen, sondern es als Bühne zu nutzen, um maximale Wirkung bei minimalem Einsatz zu erzielen.

1. DIE INSZENIERUNG BEGINNT

Geh mit der Selbstsicherheit eines Managers, der gerade erfahren hat, dass die Umsatzzahlen fantastisch sind, selbst wenn du keine Ahnung hast, worum es geht. Dein Tempo: langsam, aber bestimmt wie James Bond. Deine Waffe? Eine halbvolle Kaffeetasse, die wie ein Intelligenzverstärker wirkt. Bonus: Schau kurz auf dein Handy und runzle die Stirn, als wärst du parallel in einer wichtigen Verhandlung.

2. DER PLATZ IST ENTSCHEIDEND

Setz dich niemals direkt neben den Chef – das ist der Platz für die Übermotivierten. Aber auch nicht zu weit weg, denn du willst nicht aussehen, als hättest du Angst, entdeckt zu werden. Der perfekte Platz? Zwischen anderen Kollegen, seitlich statt frontal zum Chef. Du wirkst präsent, ohne aufdringlich zu sein.

3. DER ERÖFFNUNGSSATZ

Noch bevor jemand „Lasst uns anfangen" sagen kann, wirfst du einen Satz in den Raum, der Kompetenz und Pragmatismus ausstrahlt: „Lasst uns das effizient halten." Niemand weiß, was du konkret meinst, aber alle werden dir dafür Respekt zollen. Bonuspunkte, wenn du dabei mit dem Stift auf deinen Notizblock tippst.

4. KÖRPERSPRACHE FÜR PROFIS

Lehn dich leicht zurück, aber so, dass es aussieht, als wärst du tief in Gedanken über eine geniale Idee versunken. Deine Haltung sollte lässig, aber nicht nachlässig wirken. Du bist schließlich ein Visionär, kein Urlauber. Nimm gelegentlich einen Schluck aus deiner Tasse, ohne Blickkontakt zu den Kollegen oder dem Chef aufzubauen. Das signalisiert, dass du physisch anwesend bist, geistig aber schon mehrere Schritte vorausdenkst und zu beschäftigt für Small Talk bist. Ein gelegentliches Kinnstreicheln oder Stirnrunzeln verstärkt den Eindruck, dass du gerade einen revolutionären Gedanken formst. Für Fortgeschrittene: Setze einen leichten, halb skeptischen Gesichtsausdruck auf, als wärst du kurz davor, einen brillanten Einwand zu formulieren, doch dann nimmst du nur einen weiteren Schluck Kaffee. Lass sie raten, was in deinem Kopf vorgeht.

POWERPOINT-ÜBERLEBEN: SO ÜBERSTEHST DU JEDE FOLIE

POWERPOINT-TRINKSPIEL: EIN SCHLUCK AUF DIE FOLIENKUNST DES WAHNSINNS

Mach jede PowerPoint-Präsentation zu einem Erlebnis – zumindest für dich. Du wirkst dabei nicht nur aufmerksam, sondern auch engagiert, allerdings mehr für die Form als den Inhalt. Jede Folie wird zu deiner persönlichen Challenge, jede Phrase zur Gelegenheit für einen genüsslichen Schluck. Alles, was du brauchst, ist eine Tasse Kaffee (oder Tee, wenn du besonders Zen sein willst) und ein Auge für die typischen Folien-Fauxpas.

Hier kommen die besten Moves, um nicht nur stilvoll mit einer Tasse Kaffee an deinen Platz zurückzukehren, sondern dabei gleichzeitig die perfekte Aura von Bedeutung, Geschäftigkeit oder einfach purem Charisma auszustrahlen.

NIMM EINEN KRÄFTIGEN SCHLUCK AUS DEINER TASSE

BEI DER ÜBERFLÜSSIGEN AGENDA-FOLIE:
„Heute sprechen wir über drei Punkte" – als ob das nicht vorher schon klar war.

WENN TEXT REINFLIEGT:
Jede Animation, die Text „spannend" machen soll, verdient einen genüsslichen Schluck.

BEI DER TABELLE DES GRAUENS:
Schriftgröße 8, 20 Spalten, null Übersicht – Prost auf die Excel-Meisterwerke der Verzweiflung!

BEI DER ROADMAP-FOLIE:
Eine verwirrende Grafik mit Pfeilen und Kästchen. Wo führt die Straße hin? Völlig schnurz!

BEI DER RÜCKBLICK-FOLIE:
„Das haben wir bereits erreicht." – Eine Sammlung von Bulletpoints, die niemanden mehr interessieren.

„WER KANN DAS THEMA MITNEHMEN?":
Die Augen fangen an zu flackern, niemand bewegt sich – ein Hoch auf den passiv-aggressiven Arbeitsdelegationsmoment.

BEI CLIPART-ALARM:
Jedes auftauchende Männchen mit Aktenkoffer oder der lächelnde Comic-Stern verdienen einen doppelten Schluck.

BEI DER BUZZWORD-FOLIE:
Synergie, Effizienz, Dynamik – wer braucht Inhalt, wenn Wörter schick klingen?

BEI DER STILLEN „GIBT ES FRAGEN DAZU?"-PAUSE:
Wenn alle in der Runde das Kaffeetassen-Muster studieren, ist dein Moment gekommen.

DOPPELTER SCHLUCK

„DAS IST EIN LEBENDES DOKUMENT.":
Übersetzung: Niemand wird es je fertigstellen. Prost auf die unsterbliche Datei!

DIE CORPORATE-DESIGN-ÜBERDOSIS:
So viel Branding, dass du denkst, du sitzt in einer Werbeveranstaltung.

Während dein Koffeinspiegel jetzt offiziell eine neue Dimension erreicht, erhebe die Tasse auf all die absurden Büro-Rituale, die uns Tag für Tag begleiten. Möge dein Kalender immer gut gefüllt wirken, dein Blick stets beschäftigt aussehen und dein Koffeinschock stark genug sein, um das nächste Meeting zu überstehen.

DIE BESTEN PHRASEN FÜR ALLE GELEGENHEITEN

Manchmal reicht es nicht, einfach nur da zu sein – du musst klingen, als wärst du der schlauste Kopf im Raum. Die gute Nachricht: Das geht, ohne dass du tatsächlich etwas beitragen musst. Mit den richtigen Phrasen wirst du zum Meeting-Poeten, der immer wichtig klingt, auch wenn keiner (inklusive dir selbst) versteht, was du genau gemeint hast. Hier sind die ultimativen Allzweck-Sätze, die immer passen:

„Bevor wir anfangen, brauchen wir ein Commitment vom Management."

Perfekt, um Verantwortung weiterzugeben – nach oben.

„Wir müssen alle Stakeholder ins Boot holen."

Denn nichts schreit mehr nach Teamarbeit als ein Boot voller Leute, die nicht rudern wollen.

„Wir müssen den Kunden da abholen, wo er steht."

Egal, ob der Kunde wirklich weiß, wo er sich gerade befindet – diese Phrase macht dich zum Helden der Empathie.

Übersetzung: „Lasst uns mehr reden und weniger tun."

„Wir sollten einen Workshop dazu machen."

„Das Thema muss ich nochmal mitnehmen."

Übersetzung: „Ich habe keine Ahnung, was ich dazu sagen soll, also schiebe ich's auf später."

Ein subtiler Hinweis darauf, dass noch keiner das große Ganze versteht – inklusive dir.

„Das können wir nicht isoliert betrachten."

Klingt dynamisch, bedeutet aber nichts – ideal, um Aktionismus vorzutäuschen.

„Wir müssen die PS auf die Straße bringen."

„Das sollten wir nochmal challengen."

Ein eleganter Weg zu sagen, dass du anderer Meinung bist, ohne wirklich widersprechen zu müssen.

Perfekt, um den Druck rauszunehmen – und Zeit zu gewinnen.

„Das ist ein Marathon, kein Sprint."

„Das sollten wir auf die nächste Agenda setzen."

Heißt eigentlich: „Bitte verschieben wir das Problem, bis ich es vergessen habe."

„Da müssen wir nochmal nachschärfen."

Der perfekte Satz, um zu sagen: „Das ist nicht gut genug, aber ich will niemanden direkt beleidigen."

„Hier gibt es einige wichtige Lessons Learned."

Perfekt, um den Eindruck zu erwecken, dass du tief im Thema steckst, auch wenn du nur die offensichtlichen Punkte wiederholst.

„Das kann ich gut hören."

Klingt unterstützend und professionell, während du gedanklich vollkommen abgeschaltet hast.

VORSICHT:

Zu viel Bullshit-Bingo kann nach hinten losgehen. Wer zu oft nachschärft, muss irgendwann liefern. Wer ständig Stakeholder ins Boot holt, findet sich schnell auf einem sinkenden Schiff wieder. Die wahre Kunst liegt in der perfekten Dosierung. Platziere deine Phrasen mit Bedacht, und wenn gar nichts mehr geht, lenke das Gespräch geschickt in die Zukunft. Damit bist du offiziell auf dem Weg zur Meeting-Unsterblichkeit.

VERANTWORTUNG WEITERREICHEN: DAS PASS-SPIEL FÜR PROFIS

Meetings sind wie ein Fußballspiel: Manche rennen sich die Lunge aus dem Leib, andere lassen den Ball geschickt laufen – und genau da setzt deine Strategie an. Warum Tore schießen, wenn du einfach perfekt platzierte Pässe spielen kannst? Während andere sich die Arbeit aufladen, jonglierst du Verantwortung mit der Eleganz eines Mittelfeldstrategen.

Hier kommt es nicht auf Kraft an, sondern auf Taktik, Präzision und perfektes Timing. Ein gut gesetzter Lupfer zum Chef, ein plötzlicher Steilpass zum ahnungslosen Kollegen oder der klassische Querpass ins Team: Mit der richtigen Technik bist du immer im Spiel, ohne selbst ins Schwitzen zu geraten.

Das Ziel? Kein Gegentor kassieren, kein Eigentor schießen und vor allem: Am Ende als smarter Spielmacher das Feld verlassen, während die anderen ackern. Hier sind die besten Pässe, mit denen du die Champions League der Meeting-Kunst erreichst.

DER LUPFER

Dieser in die Höhe geschossene Ball ist elegant, präzise und landet immer beim Chef. Wenn das Thema heikel wird, hebst du den Ball sanft in Richtung Führungsebene. Niemand wird widersprechen und du hast den perfekten Pass gespielt.

DER STEILPASS

Beim Steilpass nutzt du die Überraschungstaktik. Du lenkst die Diskussion plötzlich auf jemanden, der gar nicht damit gerechnet hat. Der Überraschungseffekt macht's – dein Kollege kann nicht mehr ausweichen, und du bist raus.

DER DOPPELPASS

Der Trick besteht darin, jemanden ins Spiel zu bringen und den Ball wieder zurückzuspielen. „Martin hat dazu schon tolle Ansätze erwähnt. Martin, magst du das nochmal konkretisieren?" Martin denkt, du würdigst seine Arbeit, aber in Wahrheit hältst du dich nur aus der Verantwortung raus.

DER QUERPASS

Manchmal reicht es, die Verantwortung einfach elegant in die Runde zu streuen: „Das ist eine spannende Frage. Was denkt das Team dazu?" Jeder schaut jeden an, und plötzlich ist niemand mehr sicher, wo der Ball gelandet ist – außer bei dir. Du bist jetzt offiziell aus dem Spiel.

DER WEITSCHUSS

Dieser Pass schickt die Verantwortung so weit weg, dass du sie nie wiedersehen wirst. „Das sollten wir mit der Fachabteilung abstimmen." Übersetzung: „Ich habe keine Ahnung, und jetzt soll sich jemand anders kümmern."

DER ABSEITS-TRICK:

Du spielst den Ball in eine Richtung, die gerade nicht relevant ist: „Bevor wir uns darauf stürzen, sollten wir sicherstellen, dass wir die Rahmenbedingungen klären." Das Thema ist plötzlich im Abseits, und alle müssen neu überlegen, was sie tun sollen.

PROFI-TIPP!

Verantwortung clever weiterzuleiten ist keine Ausrede, es ist eine Kunst. Wer den Ball geschickt spielt, bleibt relevant, ohne sich die Hände schmutzig zu machen. Perfekte Pässe halten dich aus der Schusslinie, während andere ins Schwitzen geraten. Und wenn doch jemand nachfragt? Einfach den Ball weitergeben. ***Spiel. Satz. Sieg.***

DIE EXIT-KARRIERELEITER

Ein Meeting kann langweilig, langatmig oder komplett überflüssig sein, aber dein Abgang? Der muss sitzen. Es reicht nicht, einfach aufzustehen und hinauszugehen. Nein, dein Exit ist dein finales Statement, die letzte Szene in deinem persönlichen Büro-Drama.

Hier trennen sich die Profis von den Amateuren. Während sich manche ungelenk aus dem Stuhl kämpfen, ihre Unterlagen fallen lassen und dabei aussehen, als würden sie flüchten, verlassen andere den Raum mit einer Aura der Bedeutung, als hätten sie gerade über Unternehmensstrategien auf höchster Ebene philosophiert. Ob Praktikant oder CEO: Dein Abgang entscheidet, wie man sich an dich erinnert.

Ein letzter Blick, ein gezieltes Nicken, vielleicht ein seufzendes Sammeln der Unterlagen – das ist die wahre Kunst des Meeting-Exits. Und natürlich die Frage: Wohin gehst du wirklich? Direkt ins nächste Strategiegespräch? Oder doch nur auf eine epische Reise zur Kaffeemaschine? Egal, solange es aussieht, als würdest du gerade die Welt bewegen.

PRAKTIKANT

Du stehst unsicher auf, murmelst was von „Postdienst" und verschwindest wie ein Schulkind auf Klassenfahrt.

JUNIOR-MITARBEITER

Du erhebst dich vorsichtig, erwähnst einen Call mit „externen Partnern" und hoffst, dass niemand nachfragt.

TEAMLEITER

Du sammelst deine Unterlagen, seufzt bedeutungsvoll und verkündest deinen Aufbruch in das nächste „wichtige Meeting".

ABTEILUNGSLEITER

Du stehst auf, klopfst leicht mit dem Stift auf den Tisch und verlässt den Raum, als würdest du persönlich garantieren, dass der Quartalsbericht morgen die Aktionäre glücklich macht.

GESCHÄFTSFÜHRER

Du wirfst einen Blick auf dein Handy, hebst entschuldigend die Hand und gehst in Zeitlupe aus dem Raum – majestätisch.

CEO

Du stehst auf, streifst mit einem ernsten Blick die Runde und verlässt ohne ein Wort zu sagen den Raum, als hättest du gerade den Schlüssel zur Lösung aller Unternehmensprobleme gefunden.

DIE FÜNF GRÖSSTEN MEETING-EXIT-FEHLER

1. Der Papier-Chaos-Exit – Alles fällt runter, du brauchst drei Anläufe zum Gehen.
2. Der Unfreiwillige Rückzieher – Du stehst auf, jemand spricht dich an – du setzt dich wieder.
3. Der Tür-Drama-Fail – Die Tür lässt sich nicht auf Anhieb öffnen, und du kämpfst gegen die Mechanik.
4. Der Verwirrte – Du willst bedeutungsvoll gehen, vergisst aber, wo deine Sachen liegen.
5. Der Viel-zu-schnelle – Du verlässt den Raum so rasant, dass es aussieht, als würdest du fliehen.

BONUS-TIPP: DER PERFEKTE EXIT-MOVE

Steh auf, atme durch, sammle dich. Wirf einen kurzen, bedeutungsschweren Blick in die Runde. Hebe die Hand als stille Verabschiedung.

Dreh dich um. Geh langsam. Gewonnen!

KAPITEL 4:

MULTITASKING ODER WIE DU NICHTS GLEICHZEITIG SCHAFFST

Ein Handy in der Hand, der Blick auf dem Monitor – und nichts erledigt. Willkommen im Königreich des Multitasking-Bluffs!

Multitasking wird oft als die ultimative Superkraft des modernen Bürohelden gefeiert. Aber seien wir ehrlich: In der Realität ist es weniger Avengers und mehr Mr. Bean in Action. Statt alles gleichzeitig zu schaffen, jonglieren wir Projekte wie heiße Kartoffeln, bis am Ende nichts wirklich fertig ist, außer vielleicht der fünfte Kaffee.

Doch genau darin liegt die wahre Kunst: Multitasking ist nicht dazu da, alles zu erledigen, sondern so auszusehen, als wärst du ein wandelndes Produktivitäts-Wunder. Du bist nicht unorganisiert – du bist flexibel. Du bist nicht überfordert – du priorisierst dynamisch. Und während andere versuchen, Dinge abzuschließen, perfektionierst du die Fähigkeit, ständig beschäftigt zu wirken, ohne dich jemals zu überarbeiten.

Dieses Kapitel widmet sich der spannenden Welt des Multitaskings und zeigt dir, wie du das Chaos in deinem Kopf mit Stil nach außen trägst. Von den besten Tricks für scheinbare Produktivität, bis hin zur Wissenschaft des kontrollierten Durcheinanders – hier lernst du, wie du das Multitasking-Game gewinnst, ohne je wirklich mitzuspielen.

Bereit, ein echter Multitasking-Champion zu werden? Dann schnall dich an oder wechsle schnell noch die Tabs, bevor jemand merkt, dass du eigentlich nur tust, als würdest du arbeiten.

DIE MULTITASKING-FASSADE: WIE DU BESCHÄFTIGT WIRKST, OHNE ES ZU SEIN

Multitasking ist die Kunst, mit möglichst wenig Aufwand maximal gestresst auszusehen – und genau darin wirst du jetzt Meister. Eine perfekte Fassade erfordert präzises Chaos, überzeugende Gestik und ein paar ausgeklügelte Accessoires, die dir den Look eines überforderten Superhelden verleihen.

DIE GRUNDLAGEN DES „BUSY LOOKS"

DER ÜBERFÜLLTE SCHREIBTISCH:

Staple Akten, Notizbücher und leere Kaffeetassen, bis dein Arbeitsplatz aussieht wie ein Drehort für einen Katastrophenfilm. Niemand wird auf die Idee kommen, dass du den ganzen Tag nur „organisierst".

DER SPLIT-SCREEN-TRICK:

Öffne gleichzeitig ein Excel-Dokument, einen Chat und random PowerPoint Slides. Springe hektisch hin und her, selbst wenn du nur die Farben anpasst. Hauptsache, es sieht nach Hochleistung aus.

DER ENDLOS-SCROLL-TRICK:

Öffne ein scheinbar komplexes Dokument (am besten mit vielen Zahlen oder Grafiken) und scrolle sinnlos hoch und runter. Nicke gelegentlich zustimmend oder runzle die Stirn. Niemand wird nachfragen, was du da tust, denn es sieht einfach zu wichtig aus.

DAS HEADSET ALS KRONE:

Ein Headset signalisiert immer: „Ich bin in einem super wichtigen Call." Profi-Tipp: Du musst nicht mit jemandem sprechen, solange du gelegentlich „Hm, verstehe" murmelst.

DIE KÖRPERSPRACHE DES MULTITASKERS

Bewege dich schnell, aber nicht zu schnell. Du bist gestresst, aber kontrolliert. Tippe abwechselnd auf die Tastatur, schreib etwas auf Papier, und wirf gelegentlich einen genervten Blick auf dein Handy. Bonuspunkte für ein Seufzen zwischendurch, das „Ich brauche mehr Stunden am Tag" schreit.

DER ULTIMATIVE BUSY-MOVE

Die beste Täuschung? Arbeite an etwas, das niemand verstehen kann. Wähle ein Dokument mit kryptischen Tabellen oder ein Gantt-Diagramm, das aussieht wie ein Labyrinth. Wenn jemand fragt, was das ist, sagst du: „Es ist ein Cross-Functional-Sprint. Komplex, aber unverzichtbar." Du wirst nie wieder gestört.

DIE HOHE KUNST DES „HALB-FOKUS“: ALLES MACHEN, NICHTS BEENDEN

Multitasking klingt nach einer Superkraft, doch in Wahrheit ist es oft nur Chaos mit einem schicken Etikett. Man sieht beschäftigt aus, hat 37 Tabs offen und wechselt so oft zwischen Aufgaben, dass am Ende niemand genau sagen kann, was eigentlich erledigt wurde. Willkommen in der Welt des Halb-Fokus!

Die Halb-Fokus-Matrix enthüllt die wahre Magie des scheinbaren Engagements: Ein System, das beweist, dass man überall ein bisschen dabei sein kann, ohne je wirklich verantwortlich zu sein. Sie zeigt, wie unterschiedlich Menschen mit Aufmerksamkeit und Ergebnissen umgehen – von den leisen Beobachtern, die sich elegant aus allem heraushalten, bis hin zu den Ideenstartern, die Funken sprühen, aber nie das Feuer entfachen.

Doch Vorsicht! Diese Matrix ist nicht nur ein Werkzeug zur Selbsterkenntnis, sondern auch eine Einladung zur Reflexion für alle, die längst wissen, dass Multitasking eher ein Balanceakt auf dünnem Eis ist. Wer bist du in dieser Matrix?

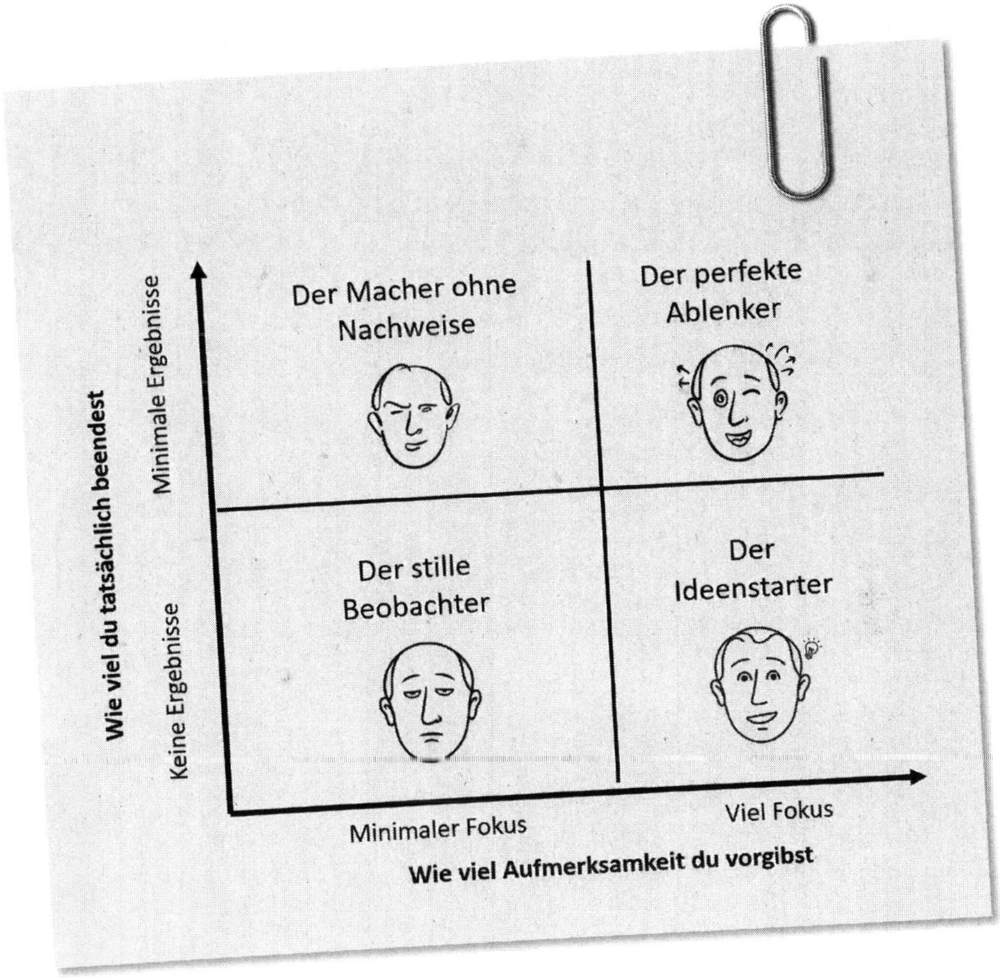
Wie viel du tatsächlich beendest
Minimale Ergebnisse
Keine Ergebnisse
Der Macher ohne Nachweise
Der perfekte Ablenker
Der stille Beobachter
Der Ideenstarter
Minimaler Fokus
Viel Fokus
Wie viel Aufmerksamkeit du vorgibst

DER STILLE BEOBACHTER – DER UNANTASTBARE SCHATTEN

- ✓ **Physisch anwesend, geistig auf Autopilot**
- ✓ **Meister des zustimmenden Nickens**
- ✓ **Trägt zu Diskussionen exakt gar nichts bei**
- ✓ **Spezialität: Langsame Kopfbewegungen, um Interesse vorzutäuschen**

Die Halb-Fokus-Matrix enthüllt die wahre Magie des scheinbaren Engagements: Ein System, das beweist, dass man überall ein bisschen dabei sein kann, ohne je wirklich verantwortlich zu sein. Sie zeigt, wie unterschiedlich Menschen mit Aufmerksamkeit und Ergebnissen umgehen – von den leisen Beobachtern, die sich elegant aus allem heraushalten, bis hin zu den Ideenstartern, die Funken sprühen, aber nie das Feuer entfachen.

Du bist ein kreativer Blitzschlag, eine Initialzündung für Ideen – doch leider bist du schon längst beim nächsten Projekt, während sich alle anderen fragen, wer das aktuelle eigentlich umsetzen soll. Dein Spezialgebiet? Dinge spannend klingen lassen und dann unauffällig in den Hintergrund treten.

DER IDEENSTARTER – DER FEUERWERKSMACHER OHNE FEUERZEUG

- ✔ **Sprüht Funken, entzündet aber nie das Feuer**
- ✔ **Ist nach dem Brainstorming plötzlich verschwunden**
- ✔ **Die Worte „Könnte man machen!" gehören zum Standardrepertoire**
- ✔ **Überlässt Details und Umsetzung den anderen**

DER MACHER OHNE NACHWEISE – DER MEISTER DER MINIMALPERFORMANCE

- ✔ **Tut gerade genug, um nicht aufzufallen**
- ✔ **Ist beschäftigt – aber nie messbar produktiv**
- ✔ **Antwortet auf Anfragen mit „Hab ich fast fertig"**
- ✔ **Lässt sich strategisch auf nichts festnageln**

Du bist der Büro-Ninja. Du bewegst dich zwischen Aufgaben mit maximaler Unauffälligkeit, lieferst nie mehr als das absolute Minimum und perfektionierst die Kunst der nichtssagenden Statusupdates. Du weißt genau: Wer zu viel leistet, bekommt nur noch mehr Arbeit.

Du bist ein Naturtalent der Verwirrung! Dein Enthusiasmus ist ansteckend, deine Wortgewandtheit legendär – doch am Ende verlässt jeder das Meeting, ohne zu wissen, was nun eigentlich zu tun ist. Dein Talent? Diskussionen in neue Dimensionen zu lenken, ohne je selbst die Verantwortung zu übernehmen.

DER PERFEKTE ABLENKER – DER TORNADO IN MENSCHENGESTALT

- ✔ **Ist überall involviert – aber nie verantwortlich**
- ✔ **Wirft brillante Nebendiskussionen in Meetings ein**
- ✔ **Redet so viel, dass alle am Ende vergessen, was die eigentliche Aufgabe war**
- ✔ **Spezialität: Plötzliche Themenwechsel mit maximaler Begeisterung**

FOR YOUR INFO

Wer sich hier wiedererkannt hat, braucht sich keine Sorgen zu machen, sondern sollte sich beglückwünschen! Schließlich sind es genau diese stillen Strategen, die den natürlichen Büro-Kreislauf im Gleichgewicht halten. Stell dir vor, alle würden wirklich effizient arbeiten: Projekte wären in Rekordzeit fertig, Meetings unnötig und Kaffeepausen überflüssig. Ein unnatürlicher, trostloser Zustand! Also keine falsche Bescheidenheit. Du bist nicht Teil des Problems, du bist der geheime Held der Büro-Ökonomie.

DER STRATEGISCHE BLICK AUF DEN BILDSCHIRM: MULTITASKING FÜR DIE OPTIK

Dein Bildschirm ist nicht nur ein Werkzeug, er ist eine Bühne für dein persönliches Drama der scheinbaren Überlastung. Hier entsteht die perfekte Illusion von Produktivität. Es geht nicht darum, effizient zu sein, es geht darum, das Chaos so präzise zu kuratieren, dass jeder denkt, dass du mit deinem Arbeitspensum unersetzlich bist. Hier sind die besten Strategien, wie du deinen Bildschirm als Performance-Werkzeug einsetzt:

DER DESKTOP ALS SCHLACHTFELD

Ein Desktop voller Symbole ist wie eine Landkarte deines gigantischen Gehirns. Dokumente, Excel-Dateien und mysteriöse Screenshots sind überall verstreut. Niemand wird sich trauen zu fragen, warum „Final_Report_v4_FINAL_final" direkt neben „Projektbudget_v2" liegt – es sieht einfach aus, als wärst du in 100 wichtige Projekte gleichzeitig involviert.

DIE E-MAIL-FLUT ALS ALIBI

Halte dein E-Mail-Postfach immer sichtbar, am besten mit einer endlosen Liste ungelesener Nachrichten. Ein rotes Banner mit 132 ungelesenen Mails in der Ecke deines Bildschirms sendet eine klare Botschaft: „Ich bin so gefragt, ich komme nicht mal zum Antworten!" Extra-Punkte gibt es, wenn du mitten im Gespräch seufzend dein Postfach öffnest und murmelst: „Oh Gott, schon wieder zehn neue ..."

DIE PROGRAMM-PARADE IN DER TASKLEISTE

Öffne so viele Programme, dass deine Taskleiste aussieht, als würde sie gleich unter der Last deiner Programme zusammenbrechen. E-Mail, Excel, PowerPoint, Slack, Teams, Zoom, und warum nicht auch Spotify? Jedes Mal, wenn du die Maus bewegst, funkelt ein neues Fenster auf – der visuelle Beweis dafür, dass du das Multitasking-Game komplett durchgespielt hast.

DER BROWSER-BOULEVARD

Halte mindestens 10 Tabs offen, idealerweise mit einem Mix aus Arbeits- und Nicht-Arbeitsinhalten. Kalender, Projektmanagement-Tools und vielleicht ein Artikel über „Die besten Führungsstrategien" – der perfekte Mix aus produktiv und intellektuell. Der Clou? Ein YouTube-Tab versteckt in der zweiten Reihe, falls die PowerPoint-Session zu langweilig wird.

ZWEI MONITORE, DOPPELTE SHOW

Der ultimative Boss-Move: Zwei Monitore. Auf einem läuft eine PowerPoint, die vor Visionen und KPIs strotzt, auf dem anderen Excel-Tabellen, die wie das Herzstück der nächsten Jahresbilanz wirken. Dein Blick wandert präzise zwischen beiden, als würdest du gerade die Gewinnprognose für die nächsten zehn Jahre in Echtzeit berechnen.

BONUSTIPP: DER NOTFALL-TAB

Für den Fall, dass dein Chef oder eine besonders misstrauische Kollegin plötzlich hinter dir stehen: Halte immer einen „seriösen" Tab auf Abruf. Ein geöffneter Artikel mit Titeln wie „Effizienzsteigerung im Büroalltag" oder „Wie man sich im Team besser organisiert" reicht aus, um jeden Verdacht zu zerstreuen.

MULTITASKING-MYTHEN ENTLARVT: WARUM NIEMAND DAS WIRKLICH KANN

Sind wir mal ehrlich, in Wahrheit ist Multitasking eher der elegante Weg, sich selbst auszutricksen. Hier sind die größten Mythen, die dich glauben lassen, du wärst ein Multitasking-Meister – und die Realität, die dich wieder auf den Boden holt.

1. MYTHOS: „ICH KANN WÄHREND DES CALLS NOCH SCHNELL ETWAS ANDERES ERLEDIGEN."

DIE VORSTELLUNG:

Du checkst im Meeting nebenbei E-Mails, hörst mit einem halben Ohr zu und nickst eifrig. Damit jonglierst du mühelos zwischen Information und Produktivität.

DIE REALITÄT:

Plötzlich wirst du direkt angesprochen: „Was halten Sie davon?" Panik. Dein Gehirn durchforstet hektisch den auditiven Datenmüll der letzten fünf Minuten. Dein Mund antwortet: „Ich stimme komplett zu!" Und erst als alle zufrieden nicken, realisierst du, dass es um freiwillige Wochenendschichten ging.

TIPP FÜR PROFIS:

Antworte in solchen Fällen mit einem vagen „Das kommt ganz auf den Kontext an". Das bringt dir wertvolle Sekunden, während du versuchst, das Thema zu rekonstruieren.

2. MYTHOS: „ICH ARBEITE AN ZWEI PROJEKTEN GLEICHZEITIG.“

DIE VORSTELLUNG:

Du jonglierst mühelos zwischen Team A und Team B und bist ein produktiver Alleskönner.

DIE REALITÄT:

Du hast den Bericht für Team A fast fertig, während Team B auf deinen Input wartet. In deinem Multitasking-Wahn verschickst du die Zahlen von A an B und die Excel-Tabelle von B an A. Jetzt sind beide Teams verwirrt, dein Postfach explodiert – aber hey, du hast den Tag „effizient“ genutzt.

TIPP FÜR PROFIS:

Leite eine Mail mit der Betreffzeile „FYI – Falls relevant“ weiter. So tust du so, als wärst du total involviert, ohne selbst nachdenken zu müssen.

3. MYTHOS: „ICH SCHAFFE ALLES, WENN ICH GENUG ENERGIE HABE.“

DIE VORSTELLUNG:

Ein doppelter Espresso und dein Gehirn läuft auf Hochleistung. Du arbeitest an fünf Dingen gleichzeitig und bringst alles unter einen Hut.

DIE REALITÄT:

Zwei Stunden später bist du zwar wach, aber nicht einen Schritt weiter. Stattdessen hast du in einer Endlosschleife durch Katzenvideos gescrollt, deine Kaffeetasse hypnotisiert und dreimal vergessen, was du eigentlich machen wolltest.

TIPP FÜR PROFIS:

Öffne eine Excel-Tabelle und tippe wahllos Zahlen rein. Falls dich jemand sieht, sieht es zumindest nach Arbeit aus.

4. MYTHOS: „ICH KANN IM CALL GLEICHZEITIG PROTOKOLL FÜHREN.“

DIE VORSTELLUNG:

Du bist der Multitasking-König, der gleichzeitig zuhört, mitschreibt und aktiv im Gespräch bleibt.

DIE REALITÄT:

Nach drei Minuten steht im Dokument nur: „Meeting, Montag, Themen: ???“. Während du versuchst, wenigstens die Namen der Teilnehmer richtig zu schreiben, fragt jemand: „Schickst du die Notizen direkt danach?“ Klar, machst du – in deinen Träumen.

TIPP FÜR PROFIS:

Kopiere alte Meeting-Notizen, ändere das Datum und füge einige vage Stichpunkte hinzu. Falls jemand nachfragt, sagst du: „Das war nur mein Rohentwurf. Ich finalisiere das gleich noch.“

KAPITEL 5: MITTAGSPAUSE & ANDERE FLUCHTEN

Von der Verlängerung der Mittagspause bis zur strategischen Rauchpause – deine Lizenz zum Abtauchen im Arbeitsalltag.

Mittagspausen sind nicht nur eine Mahlzeit, sondern auch deine Rettungsleine im Büroalltag. Der Moment, an dem du den Schreibtisch hinter dir lässt und für kurze Zeit die Freiheit spürst. Doch wahre Könner wissen: Es geht nicht darum, einfach nur zu essen. Es geht darum, die Pause zu einem Meisterwerk der Fluchtkunst zu machen.

Ob der dringende Gang zum Lieblingsbäcker, der nur am anderen Ende der Stadt ist, die „ich brauche frische Luft"-Rauchpause oder der lange Spaziergang, der zufällig an der liebsten Coffee-Bar vorbeiführt: Deine Pause ist mehr als Freizeit. Sie ist ein strategisches Statement. Und falls jemand fragt, warum du erst nach 90 Minuten wieder auftauchst? „Netzwerken im Pausenraum. Sehr produktiv!"

Dieses Kapitel zeigt dir, wie du aus der Mittagspause das Beste herausholst: Wie du die Zeit streckst, ohne erwischt zu werden, wie du scheinbar wichtige Erledigungen als Tarnung nutzt, und wie du deine Fluchten so inszenierst, dass sie nach Pflicht und nicht nach Vergnügen aussehen. Denn die wahre Kunst ist nicht das Wegbleiben, es ist das clevere Zurückkommen.

DIE KLASSISCHE VERLÄNGERUNG: MITTAGSPAUSE MIT NACHSPIELZEIT

Die verlängerte Mittagspause ist nicht einfach nur Zeitverschwendung – sie ist eine Kunstform. Sie sorgt für mentale Regeneration, kreative Durchbrüche und das unbestreitbare Gefühl, dass der Nachmittag schneller vorbeigeht. Wer denkt, dass es dabei um Faulheit geht, hat das System nicht verstanden: Es geht um strategische Optimierung! Hier sind die bewährtesten Methoden, um deine Pause stilvoll zu maximieren, ohne Verdacht zu erregen.

DIE ENDLOSE KANTINEN-SCHLANGE

Funktioniert besonders gut an Tagen, an denen du gar nicht in der Kantine warst. Bonus: Ein genervter Gesichtsausdruck beim Betreten des Büros macht die Geschichte noch glaubwürdiger.

DER FOODIE-AUSFLUG

Warum sich mit der schnöden Kantine zufriedengeben, wenn es in der Stadt doch diesen kleinen Geheimtipp gibt? Ein hipper Wrap-Laden am anderen Ende der Stadt, ein Imbiss, den niemand kennt – das sind die perfekten Gründe für eine verlängerte Mittagspause.

EXTRA-PUNKTE:

Mach ein Foto vom Essen und poste es mit dem Kommentar „Marktforschung für den nächsten Büro-Lunch". So sieht es aus, als hättest du mit höchstem beruflichen Einsatz nach neuen kulinarischen Möglichkeiten geforscht.

DER SPAZIERGANG ZUR VERDAUUNG (UND INSPIRATION)

Nach dem Essen braucht das Gehirn frische Luft – das ist wissenschaftlich belegt (wahrscheinlich). Das Mittagstief ist real. Und was hilft dagegen? Genau: Ein strategischer Verdauungsspaziergang. Du gehst nicht einfach nur spazieren, du suchst Inspiration! Ein kleiner Umweg zur Coffee-Bar und ein bedeutungsvoller Blick ins Leere, als wärest du gerade auf dem besten Weg, das nächste große Projektkonzept zu erdenken.

DER SÜSSE NACHSPIEL-SNACK

Die Mittagspause ist eigentlich vorbei, aber du brauchst noch etwas Süßes – für frische Energie! Ein gezielter Abstecher zur Snack-Theke oder Bäckerei verlängert deine Pause um mindestens zehn Minuten, ohne dass jemand Verdacht schöpft.

GEHEIMTIPP:

- *Kaufe Schokoriegel oder Donuts „fürs Team". Alle finden es nett, keiner wird nachrechnen, wie lange du weg warst.*
- *Noch besser: „Ich musste für Marie kurz was mitbringen!" – Der perfekte Alibi-Move.*

DIE FORTGESCHRITTENEN-TAKTIK – KOMBINIERE ALLES!

Die wahre Meisterklasse der verlängerten Mittagspause entsteht, wenn du mehrere dieser Techniken kombinierst:

BEISPIEL:

1. *„Boah, die Kantine war heute echt voll!“*
   (Endlose Kantinen-Schlange ✓)

2. *„Deshalb habe ich noch kurz einen neuen Laden ausprobiert, musste mal was anderes essen.“*
   (Foodie-Ausflug ✓)

3. *„Auf dem Rückweg noch einen kleinen Spaziergang gemacht, brauchte frische Luft.“*
   (Verdauungsspaziergang ✓)

4. *„Dann bin ich noch kurz für euch los und hab was mitgebracht!“*
   (Nachspiel-Snack ✓)

ERGEBNIS:
Eine epische Mittagspause, perfekt getarnt als reine Notwendigkeit.

MERKE!

Pausenzeit ist Verhandlungsmasse! Wer sich geschickt bewegt, hat nie nur „eine Stunde“ Mittag, sondern ein elastisches Konzept, das mit den richtigen Argumenten immer ein bisschen mehr wird. Also, worauf wartest du? Dein nächstes großes Mittagspausenprojekt beginnt jetzt!

WICHTIGE ERLEDIGUNGEN

Glaubwürdigkeit ist alles: Wer zweifelt schon an der Dringlichkeit einer Aufgabe, wenn du überzeugend genug wirkst? Es geht nicht darum, was du tust, sondern wie du es tust. Mit dieser ultimativen Checkliste wirst du zur Legende der Büro-Erledigungen, selbst wenn deine wichtigste Mission nur der perfekte Latte Macchiato war.

- [ ] **Habe ich etwas in der Hand, das wichtig aussieht?**
Bonuspunkte für Laptop, prall gefüllte Mappe, ein ominöses Dokument mit vielen Zahlen.

- [ ] **Bewege ich mich im perfekten Tempo zwischen „eilig" und „kontrolliert beschäftigt"?**
Zu schnell? Panik. Zu langsam? Verdacht. Perfekt ist der Look: Ich habe Besseres zu tun, aber keine Zeit, es zu erklären.

- [ ] **Strahle ich eine Aura aus, die jeden davon abhält, mich zu unterbrechen?**
Leicht gerunzelte Stirn, nachdenklicher Blick, ein gelegentliches Nicken zu sich selbst – als würdest du in Gedanken eine komplexe Formel lösen.

- [ ] **Habe ich unterwegs jemanden gegrüßt, um Spuren zu hinterlassen?**
Ein beiläufiges „Morgen!" oder ein Kopfnicken an strategischen Punkten reicht. Zeugen sind wichtig.

- [ ] **Habe ich kurz innegehalten, um „kritisch nachzudenken"?**
Bleib kurz im Flur stehen, schaue auf deine (leere) Notizen-App und seufze. Niemand wird hinterfragen, ob du wirklich nachdenkst oder nur auf dein Mittagessen wartest.

- [ ] **Ist meine Ausrede so vage, dass sie nicht überprüft werden kann?**
„Ich muss kurz was mit Franzi abstimmen." Franzi ist heute im Homeoffice? Perfekt, keiner wird nachhaken.

- [ ] **Lässt sich am Ende ein sichtbares Relikt meiner „wichtigen Aufgabe" auf meinem Schreibtisch platzieren?**
Ausdrucke, ein Notizzettel mit Gekritzel oder ein halb volles Kaffeebecher-Relikt mit einer kritischen Bemerkung: „Ich sag's dir, das war wieder ein Chaos …".

Glückwunsch! Du hast gerade deine Pause um mindestens 20 Minuten verlängert und dabei den Eindruck hinterlassen, als hättest du das Büro vor dem Kollaps gerettet.

DER RAUCHPAUSEN-TYPEN-GUIDE

Die Rauchpause ist mehr als nur eine kurze Flucht vor Klimaanlage und Excel-Stress – sie ist ein eigener Mikrokosmos im Büroleben. Hier trifft sich eine bunt gemischte Truppe mit einem gemeinsamen Ziel: möglichst lange wegbleiben. Doch während der eine die Pause als Networking-Event nutzt, perfektioniert der andere die Kunst des gedankenverlorenen Draußenstehens. Welcher Typ bist du?

DER SOZIALE RAUCHER

Braucht keinen Rauch, nur Gesprächspartner – seine Pause ist ein Networking-Event. Egal, was passiert, dieser Typ kennt jeden und jede. Er raucht nicht nur für sich, sondern für das ganze Team, indem er live aus der Gerüchteküche berichtet. Nach fünf Minuten Pause ist er auf dem neuesten Stand und verteilt das Wissen gezielt zurück ins Büro.

DIE EINSIEDLERIN

Steht still in der Ecke und sieht aus, als hätte sie gerade die Bürokrise gelöst.Kein Small Talk, kein Blickkontakt – nur sie, ihre Zigarette und die schwere Last des Arbeitsalltags. Ihr Gesichtsausdruck sagt: „Lass mich einfach eine Minute existieren." Wer sie anspricht, erhält maximal ein zustimmendes Nicken oder ein „Ja, schlimm.".

DER EILIGE

Raucht so schnell, dass selbst seine Zigarette überfordert aussieht. Sein Ziel ist nicht die Pause, sondern der schnelle Nikotinschock. In Rekordzeit zieht er an seiner Kippe, während der Fuß bereits in Richtung Bürotür zeigt. Manche spekulieren, ob er überhaupt inhaliert oder nur ein Ritual ausführt.

DIE PAUSENVERLÄNGERIN

Zündet „nur noch eine“ an, bis die Pause aussieht wie ein Langzeitprojekt.„Ich geh nur kurz eine rauchen ...“ – 25 Minuten später steht sie immer noch da, mittlerweile in die zweite tiefgründige Diskussion verstrickt. Ihre Spezialität: Genau dann eine neue Zigarette anzuzünden, wenn jemand sagt „Lass uns zurückgehen“.

DER ANFÄNGER

Hält die Zigarette, als wäre sie ein fremdes Artefakt, und hofft, niemand merkt's. Ob aus Gruppenzwang oder plötzlicher Rebellion – er weiß selbst nicht genau, was er tut. Die Kippe hält er unsicher zwischen Daumen und Zeigefinger, zieht zu zaghaft oder zu tief und hustet dabei so laut, dass selbst langjährige Raucher kurz überlegen, aufzuhören.

DIE WETTERPHILOSOPHIN

Macht aus jeder Brise eine große Vorhersage und philosophiert über den Regen.„Boah, echt krass, dass es jetzt schon so kalt ist.“ Dieser Satz fällt in unzähligen Variationen, je nach Wetterlage, mindestens einmal pro Pause. Sie analysiert jede Wolkenbewegung, prognostiziert Temperaturverläufe und kann mit beeindruckender Detailtiefe erklären, warum es morgen vielleicht regnen könnte.

DER MEISTER DER ABLENKUNG

Hält alle mit kleinen Stories bei Laune, um die Rückkehr ins Büro hinauszuzögern.Er kennt die besten Geschichten, hat für jede Situation eine Anekdote parat und sorgt dafür, dass niemand merkt, wie viel Zeit vergangen ist. Sein Talent? Immer genau dann ein neues Thema aufmachen, wenn jemand vorschlägt, wieder reinzugehen.

DIE HANDYSÜCHTIGE

Schafft es, mit einer Hand zu scrollen, mit der anderen zu rauchen, und dabei so auszusehen, als würde sie das nächste virale Reel erschaffen. Sie nimmt an der Pause teil, aber nur körperlich. Geistig ist sie tief in ihrem Smartphone versunken. Nachrichten checken, durch Feeds scrollen, nebenbei eine Story posten – ihre Finger sind auf Hochleistung, während die Zigarette fast von selbst abbrennt.

DER „ICH HÖR BALD AUF"-RAUCHER

Erzählt bei jeder Pause, dass es „die letzte Zigarette" ist – seit Monaten. Er hat die Theorie, dass man mit einer Ankündigung wie „Ich rauch ja eigentlich kaum noch ..." alle 20 Minuten eine anstecken kann. In seinem Kopf hört er wirklich bald auf, aber warum dann nicht erst morgen?

DIE MITLÄUFERIN

Ist nur draußen, weil die anderen dort sind, und hofft, dass niemand merkt, dass sie keine raucht. Sie steht in der Runde, hält vielleicht eine leere Kaffeetasse oder tippt auf ihrem Handy herum – Hauptsache, sie sieht so aus, als gehöre sie dazu. Der Trick? Einen Schluck trinken oder auf die Uhr schauen, wenn jemand zum Aschenbecher greift.

MEHR ALS NUR EINE PAUSE:

Die Rauchpause ist nicht nur ein kurzer Frischluft-Trip, sie ist eine unterschätzte soziale Studie. Wer sich hier richtig positioniert, bleibt länger weg, sammelt den neuesten Gossip aus dem Büro und perfektioniert die Kunst der verlängerten Pausenstrategie.

DIE PAUSE ALS NETWORKING-CHANCE

Die Pause ist weit mehr als nur eine Auszeit – sie ist deine geheime Bühne für strategisches Networking. Während andere denken, du genießt einfach einen Kaffee, betreibst du gezielte Imagepflege und berufliche Zukunftsplanung. Vergiss LinkedIn, die wirklich wichtigen Kontakte knüpfst du zwischen Kaffeemaschine, Pausenraum und Drucker. Hier bist du nicht nur Mitarbeiter, sondern der inoffizielle Social-Media-Manager des Büros. Live und unplugged.

KAFFEEMASCHINE: DER HAUPTBAHNHOF DES BÜROS

Hier trifft sich alles, was Rang und Namen hat – und was dringend Koffein braucht. Jeder kommt hier vorbei, vom Praktikanten bis zum Senior Manager. Die Kaffeemaschine ist der perfekte Ort, um Verbindungen zu pflegen, aktuelle Informationen einzusammeln oder einfach nur so zu tun, als wärst du wahnsinnig beschäftigt.

DER KÜHLSCHRANK: DIE INFO-OASE

Der ideale Platz, um unauffällig Small Talk zu starten, während du suchend vor den Tupperdosen stehst und fragst: „Weiß jemand, wem das schimmelige Mett gehört?" Tipp: Stelle deine eigenen Lebensmittel immer in die hinterste Ecke, denn wer weitersuchen muss, bleibt länger stehen und kommt automatisch ins Gespräch.

DER DRUCKERRAUM: DER GEHEIMTIPP FÜR PROFIS

Abseits vom Trubel ist dies der Ort, um wichtige Infos zu „drucken" – oder zumindest so zu tun. Niemand hinterfragt, warum du am Drucker stehst, schließlich kämpft jeder regelmäßig mit mysteriösen Papierstaus oder verschwundenen Dokumenten. Die perfekte Tarnung für unauffällige Gespräche.

FLURE: DIE NETWORKING-AUTOBAHN

Die Flure sind dein Laufsteg der Gelegenheiten – jedes „zufällige" Treffen wird zum Power-Talk. Hier gilt: Je kürzer die Begegnung, desto wichtiger wirkst du und desto länger bleibt der Eindruck. Nutze den Flur nicht nur als Laufweg, sondern als strategische Interaktionszone.

DER PAUSENRAUM: DEIN FLEXIBLER WORKSPACE

Hier kannst du unauffällig Gespräche führen, während du angeblich deinen Snack vorbereitest. Positioniere dich strategisch: Nie in der Mitte, immer an einer neuralgischen Stelle (am Wasserkocher oder nahe der Mikrowelle).

DIE PAUSE ALS KARRIERE-BOOSTER:

Während andere ihre Pause nur absitzen, nutzt du sie für strategisches Networking. Der Trick ist, niemals wie ein klassischer Netzwerker zu wirken, sondern so, als würdest du nur zufällig zur richtigen Zeit am richtigen Ort sein.

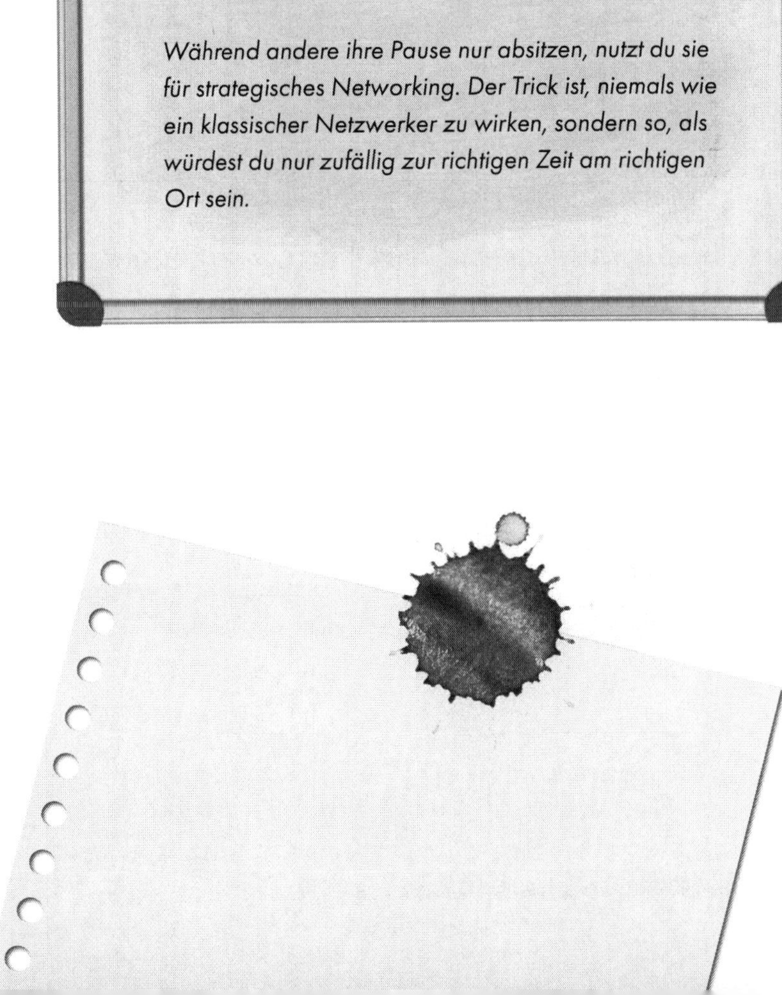

KAPITEL 6: HOMEOFFICE – DIE KUNST, REMOTE NICHTS ZU TUN

Wie du im Pyjama zur Legende wirst: Kamera aus, Mikrofon stumm und der Internetabbruch des Jahres – willkommen in der Remote-Oase.

Homeoffice: Dieser heilige Gral der modernen Arbeitswelt, wo niemand sehen kann, ob du wirklich produktiv bist, oder gerade mit einer Hand im Kühlschrank nach Snacks suchst. Es ist ein Ort, an dem die Webcam aus bleibt, das Mikro stumm ist und die Verbindung genau dann „abbricht", wenn jemand nach einem Update fragt.

Hier bist du der Regisseur deines eigenen Büro-Dramas. Der Laptop auf dem Schreibtisch, die Kamera so eingestellt, dass dein Bücherregal dich wie einen intellektuellen Profi wirken lässt, während die Couch außerhalb des Bildes bereitsteht. Dein wichtigstes Tool? Der Stummschalten-Button – dein Schutzschild, falls der Nachbar bohrt oder dein Handy plötzlich beschließt, Insta-Stories in voller Lautstärke abzuspielen.

In diesem Kapitel lernst du, wie du aus dem Homeoffice eine Kunstform machst: Technische Pannen, die wie perfekte Alibis wirken, Mausbewegungen, die so tun, als würdest du arbeiten, und Kamerawinkel, die dich immer im besten Licht erscheinen lassen – wortwörtlich. Willkommen in der olympischen Disziplin der Heimarbeit, in der du so wenig wie möglich tust, ohne dass es jemand merkt.

DIE PERFEKTE VIDEO-CALL-INSZENIERUNG

Ein Video-Call ist nicht einfach ein Meeting, es ist eine Performance. Du bist gleichzeitig Hauptdarsteller, Regisseur und Bühnenbildner deines kleinen digitalen Quadrats. Dein Ziel? Die Illusion zu schaffen, dass du kompetent, beschäftigt und voll im Thema bist, auch wenn dein Kopf längst bei der neuen Staffel deiner Lieblingsserie ist. Mit den richtigen Tricks verwandelst du deinen Call in ein Meisterwerk der optischen Täuschung.

LICHT VON VORNE, KEINE ZOMBIE-VIBES
KAMERA: ZEIG GESICHT, NICHT DOPPELKINN
TASSE PARAT – DEIN ALIBI FÜR SERIÖSE DENKER-PAUSEN
NIE DAS MIKRO ANLASSEN, WENN DER HUND BELLT
HINTERGRUND: KEINE WÄSCHE-BERGE ODER PEINLICHEN DETAILS
BEZIEHUNGS-PARTNER AUS DEM RAUM VERBANNEN
OUTFIT: OBEN KUNDEN-TERMIN, UNTEN JOGGING-PROFI
KEIN ESSEN IM CALL, AUSSER DU WILLST ASMR-STAR WERDEN
NOTIZEN GRIFFBEREIT – IMPROVISIEREN IST OVERRATED
REAKTIONSMIMIK: ENGAGIERT, ABER NICHT „THEATERSTÜCK FÜR ANFÄNGER“

GOLDENE REGEL!

Halte Blickkontakt mit der Kamera, nicht mit deinem eigenen Videobild. Niemand muss wissen, dass du eigentlich checkst, ob deine Frisur noch sitzt. Und jetzt: Licht, Kamera, Mute – es ist Showtime!

TECHNISCHE PANNEN ALS ALIBI

Du willst aus einem langweiligen Call aussteigen oder einfach ein paar Minuten Ruhe? Kein Problem! Dieser Pannen-Generator ist deine Rettung.

SO FUNKTIONIERT'S (FINDE DIE RICHTIGE ZUORDNUNG):

1. PROBLEM WÄHLEN

Was ist dein virtueller Stolperstein?

2. URSACHE FINDEN

Warum rebelliert die Technik (natürlich „ganz plötzlich")?

3. ENTSCHULDIGUNG LIEFERN

So charmant, dass dir niemand böse sein kann!

PROBLEM	URSACHE	ENTSCHULDIGUNG
WLAN zickt rum	Die Nachbarn streamen in 4K	„Mein Internet kämpft gerade um Bandbreite gegen die Nachbarn."
Kamera schwarz	Update wollte „neue Perspektiven" testen	„Meine Kamera hat sich für einen Tag im Zeugenschutzprogramm entschieden."
Mikro auf stumm	Die Technik hat Selbstschutz aktiviert	„Scheint, als hätte ich zu viel geredet."
Bildschirm eingefroren	Der Prozessor hat beschlossen, auf Standbildkunst umzusteigen	„Mein Laptop ist jetzt anscheinend Experte für bewegungslose Meditation."
Update startet von selbst	Windows meint, es wäre jetzt der Chef	„Mein System hat sich für eine feindliche Übernahme entschieden"
Teams kickt mich raus	Die App hat Bindungsangst	„Teams hat mich gerade geghostet."
Präsentation unsichtbar	Die Sharing-Funktion verweigert Teamwork	„Meine Technik hat beschlossen, einen Spannungsbogen aufzubauen."

DIE TECHNIK IST DEIN BESTER VERBÜNDETER!

Mit diesen raffinierten Hightech-Ausreden bist du für jede Situation gewappnet. Niemand kann dich für etwas verantwortlich machen, das offensichtlich die Technik verbockt hat und du gewinnst wertvolle Minuten an Freiheit, Ruhe und Kaffeezeit. ***Also, welches „Problem" wirst du als Nächstes testen?***

DER STUMM-SCHALTEN-BUTTON

Dein Homeoffice gleicht einem Kriegsgebiet: Der Hund bellt den Postboten an, die Nachbarn machen ein spontanes Bohrmaschinen-Konzert, und irgendwo explodiert ein Topfdeckel in der Küche. Doch inmitten all dieses Lärms gibt es einen Knopf, der dein Leben rettet – der Stummschalten-Button. Mit einem Klick verwandelst du dein chaotisches Zuhause in eine Oase der Ruhe (zumindest für alle anderen im Call). Der Button ist nicht nur ein Werkzeug, er ist ein Schild, ein Schutzpatron, der dich unantastbar macht.

UND WAS GENAU VERSTECKST DU HINTER DIESER DIGITALEN SCHWEIGEPFLICHT?

DHL, Hermes und Amazon klingeln im 5-Minuten-Takt
Katze übt Parkour über den Schreibtisch
Bauarbeiter zersägen Beton direkt unter deinem Fenster
Waschmaschine startet den Schleudergang

DAS IDEALE HOMEOFFICE-SETUP

Ein perfektes Homeoffice-Setup ist wie ein guter Zaubertrick – die Kamera zeigt nur die glänzende Oberfläche, während das Chaos kunstvoll aus dem Bild geschoben wird. Dein Schreibtisch wird zur Schaltzentrale und die dampfende Kaffeetasse schreit förmlich: „Ich bin unersetzlich!" Hinter der Fassade? Jogginghose, Chipstüte und eine Katze, die überall dort ist, wo sie nicht sein sollte.

DOCH WIE SIEHT DIESES PERFEKTE SETUP EIGENTLICH AUS?

Lass uns das Szenario visualisieren – voller subtiler Details und dem Charme kontrollierter Unordnung.

UNERSETZBAR IM HOME OFFICE

Homeoffice ist nicht nur ein Arbeitsplatz, es ist die ultimative Bühne für strategisches Phantom-Dasein. Während andere panisch ihre Erreichbarkeit mit übertriebenen Statusmeldungen und sinnlosen Calls beweisen, perfektionierst du die hohe Kunst, präsent zu wirken, ohne je verfügbar zu sein. Hier sind die besten Strategien, um als unverzichtbarer Leistungsträger zu glänzen – ganz ohne unnötige Anstrengung.

DER „FIRST MOVER"-EFFEKT

Ein Desktop voller Symbole ist wie eine Landkarte deines gigantischen Gehirns. Dokumente, Excel-Dateien und mysteriöse Screenshots sind überall verstreut. Niemand wird sich trauen zu fragen, warum „Final_Report_v4_FINAL_final" direkt neben „Projektbudget_v2" liegt – es sieht einfach aus, als wärst du in 100 wichtige Projekte gleichzeitig involviert.

DAS FILE-DROPPING-PHÄNOMEN

Wirklich ambitionierte Büro-Geister lassen Spuren an den richtigen Stellen: Lade spätabends Dokumente hoch („Wow, er/sie arbeitet noch!") oder stelle am Morgen um 7:04 Uhr eine Frage im Chat – das katapultiert dich in die Liga der Frühaufsteher, selbst wenn du direkt danach wieder einschläfst.

DIE „NOTFALL-ERREICHBARKEIT“

Hebe Anrufe mit schwerem Atem ab – als würdest du gerade zwischen drei Aufgaben jonglieren. Ein „Ich habe nur kurz Zeit, was gibt's?“ klingt nach Hochleistung, auch wenn du eigentlich nur deine Netflix-Pause unterbrichst. Profi-Tipp: Ein Tippgeräusch im Hintergrund sorgt für Instant-Glaubwürdigkeit.

DER SCREEN-SHARING-BLUFF

Niemand kann sehen, wie produktiv du wirklich bist, außer beim Screen-Sharing. Hier entscheidet sich, ob du als Top-Performer oder als jemand mit zu vielen offenen Tabs voller Memes entlarvt wirst. Die Lösung? Immer eine perfekte Mischung aus seriösen Dateien geöffnet haben – für den Notfall.

- *Halte mindestens drei bis vier Dokumente offen, die nach harter Arbeit aussehen. Am besten eine Excel-Tabelle mit vielen Zahlen, ein Word-Dokument mit Fachbegriffen und eine PowerPoint-Präsentation, die aussieht, als wäre sie in Arbeit.*

- *Öffne zusätzlich eine E-Mail mit kompliziertem Betreff wie „Strategische Abstimmung Q3 – finale Analyse“ oder „Optimierungspotenziale – erste Evaluierung“.*

- *Falls du privat am Laptop warst, sag einfach: „Moment, ich muss noch kurz ein paar vertrauliche Dokumente schließen ...“ – niemand hinterfragt das, und du hast genug Zeit zum Aufräumen.*

DIE GEZIELTE ANTWORT-STRATEGIE

Niemals sofort auf Nachrichten reagieren – das wirkt verdächtig entspannt. Lasse Anfragen mindestens 20 Minuten ruhen, bevor du mit einem knappen „Sorry, war gerade in etwas vertieft“ antwortest. Vermeide Emojis oder übertrieben freundliche Nachrichten. Ein kurzes „Ich checke das gleich“ lässt dich nicht nur beschäftigt wirken, sondern auch mysteriös effizient.

UNSICHTBAR EFFIZIENT, UNERSETZBAR PRÄSENT

Im Homeoffice geht es nicht darum, tatsächlich mehr zu leisten, sondern darum, die Illusion von maximaler Produktivität zu perfektionieren. Wer clever agiert, hinterlasst digitale Spuren, die Engagement signalisieren, ohne sich dabei unnötig zu verausgaben.

KAPITEL 7: DELEGIEREN ODER VERLIEREN!

Verantwortung elegant weiterreichen:
So bringst du andere dazu, deine Arbeit zu erledigen – ohne es zu merken.

DANKE!

Eine weitere Kunstform im Büro liegt nicht darin, alles selbst zu erledigen, sondern darin, die Arbeit so raffiniert zu verteilen, dass es aussieht wie perfekter Teamgeist. Hier geht es nicht um Faulheit, sondern um strategische Effizienz. Schließlich ist es deine Aufgabe, das große Ganze im Blick zu behalten, während die Details mit Fingerspitzengefühl an die passenden Hände weitergegeben werden.

Dieses Kapitel ist dein Leitfaden zur subtilen Fähigkeit des Delegierens. Du wirst lernen, wie man mit gezieltem Lob, cleverem Timing und einer Prise psychologischem Feingefühl Kollegen davon überzeugt, dass sie die eigentlichen Experten für deine To-dos sind. Es geht darum, die Verantwortung so geschickt zu parken, dass alle denken, sie hätten das Steuer übernommen, während du längst den Kurs gesetzt hast.

Denn warum alles selbst machen, wenn du mit einem gut platzierten Vorschlag und dem richtigen Gesichtsausdruck andere dazu bringen kannst, ihre Talente für deine Aufgaben einzusetzen? Willkommen in der Eliteklasse der Arbeitsweitergabe – wo Charme, Psychologie und Timing deine stärksten Waffen sind.

TYPEN-GUIDE: DIE BESTEN KOLLEGEN FÜRS WEITERREICHEN

Ein Video-Call ist nicht einfach ein Meeting, es ist eine Performance. Du bist gleichzeitig Hauptdarsteller, Regisseur und Bühnenbildner deines kleinen digitalen Quadrats. Dein Ziel? Die Illusion zu schaffen, dass du kompetent, beschäftigt und voll im Thema bist, auch wenn dein Kopf längst bei der neuen Staffel deiner Lieblingsserie ist. Mit den richtigen Tricks verwandelst du deinen Call in ein Meisterwerk der optischen Täuschung.

DER ÜBERMOTIVIERTE

Der Kollege, der jede Aufgabe als Karriere-Chance sieht – perfekt, um ihm alles aufzuhalsen, was dir zu nervig ist.

DIE JA-SAGERIN

„Kannst du das übernehmen?" – Ihre Antwort ist immer „Klar!", egal, ob sie Zeit hat oder nicht.

DER ALLESKÖNNER

Der Typ, der glaubt, er sei der Experte für alles – und damit das perfekte Opfer für deine Aufgaben.

DIE HARMONIE-SÜCHTIGE

Für sie ist alles gut, solange es keine Konflikte gibt – und genau deshalb sagt sie nie Nein.

DER NEUE IM TEAM

Voller Elan, jede Aufgabe zu meistern, um sich zu beweisen – genau der, den du brauchst, um unangenehme Aufgaben loszuwerden.

DIE KOLLEGIN MIT HELFER-SYNDROM

Sobald du leicht verzweifelt guckst, springt sie schon ein – und macht den Rest auch gleich mit.

DER PRAKTIKANT

Frisch, motiviert und noch nicht misstrauisch genug, um Nein zu sagen – der perfekte Kandidat für all die Aufgaben, die du nie machen wolltest.

GOLDENE REGEL!

Die Kunst liegt nicht nur darin, Aufgaben loszuwerden – sondern dabei, es so zu verpacken, dass sich der andere dabei noch gut fühlt. Goldene Regel: Ein guter Weiterreich-Move ist wie ein Zaubertrick: Der andere soll denken, dass er freiwillig mitmacht. Also, welchen Kollegen testest du als Erstes?

DIE BESTEN MOMENTE, UM VERANTWORTUNG ABZUGEBEN

Es gibt Momente im Büro, die schreien förmlich nach Delegation – und andere, in denen du besser selbst den Kopf unten hältst. Das Geschick liegt darin, den perfekten Zeitpunkt zu erkennen und dann so charmant und intelligent zu agieren, dass niemand merkt, was gerade passiert. Hier sind die besten Gelegenheiten und Techniken, um die Arbeit weiterzureichen.

BEIM KAFFEEHOLEN:

Koffein im Blut macht großzügig. Zwischen „Schwarz oder mit Milch?" lässt sich wunderbar ein „Du bist doch der Experte für ..." platzieren.

NACH EINER LOBESHYMNE DES CHEFS:

Der Kollege will sich weiterhin beweisen – der ideale Zeitpunkt, um ihm den nächsten Meilenstein zu „schenken".

WÄHREND EINER POWERPOINT-PRÄSENTATION:

Niemand will den Fokus verlieren. Ein „Das kann doch Herr Mertens gleich übernehmen" wirkt wie ein konstruktiver Beitrag.

NACH EINEM TEAM-EVENT:

Die Harmonie-Kurve ist hoch, die Motivation ebenso – Ein „Lass uns das gleich aufteilen, du übernimmst das hier, okay?" flutscht unbemerkt durch.

NACH DER MITTAGSPAUSE:

Die Kollegen sind so träge, dass sie alles abnicken, solange es nicht nach sofortiger Action klingt.

ACHTUNG: DIE NO-GO-MOMENTE FÜR DELEGATION

Nicht jeder Moment eignet sich fürs Abwälzen von Aufgaben. Vermeide diese Situationen:

- **Kurz vor Feierabend:** *Jeder wittert sofort eine Falle.*
- **Montagmorgen:** *Niemand hat Lust auf Extra-Arbeit – schon gar nicht so früh.*
- **Freitagmittag:** *Die Leute denken nur noch ans Wochenende – alles andere prallt ab.*
- **Wenn der Kollege schon unter Wasser ist:** *Die Gefahr eines „Nicht mein Problem!"-Konters ist zu hoch.*

DIE GEHEIMFORMEL, UM ARBEIT ELEGANT WEITERZUREICHEN

Delegieren ist keine Schwäche, sondern es zeigt, dass du weißt, welche Brände wirklich gelöscht werden müssen. Mit der richtigen Kombination aus Schmeicheln, Charme und einer cleveren Frage machst du das Abgeben einer Aufgabe zu einer Win-Win-Situation. Hier ist die perfekte Formel, um Arbeit unauffällig, aber effektiv weiterzureichen.

SCHRITT	FORMULIERUNG
1 - SCHMEICHELN: Als hinge dein Leben davon ab	„Ich dachte sofort an dich, als das Thema aufkam.“
	„Du bist doch unser Spezialist dafür.“
	„Du machst das immer so genial.“
2 - VERANTWORTUNG CHARMANT EINLEITEN: Schiebe die Aufgabe rüber	„Wenn jemand das kann, dann du.“
	„Ich bin sicher, das läuft bei dir schneller als bei mir.“
	„Das liegt bei dir in den besten Händen.“
3 - ZUSTIMMUNG SICHERN: Stelle eine nicht verneinbare Frage	„Du machst das doch gerne, oder?“
	„Das ist doch ein Klacks für dich, oder nicht?“
	„Wer könnte das besser als du?“

ERGEBNIS:

Die Aufgabe ist nicht mehr dein Problem, der Kollege fühlt sich wie der Held des Tages, und du kannst in Ruhe deine Kaffeetasse anstarren, während du darüber nachdenkst, was du als Nächstes elegant abgibst.

ABWEHRSTRATEGIEN GEGEN DELEGATIONS-VERSUCHE

Mit diesem Entscheidungsdiagramm wirst du zur wahren Abwehrlegende. Ob du den Ball charmant zurückspielst, elegant umleitest oder mit einem taktischen Manöver aus der Schusslinie springst – jede Option macht dich unantastbar. Folge den Schritten und finde heraus, wie du die Verantwortung abgeben kannst, ohne dass es jemand bemerkt. Und wer weiß, vielleicht bedankt sich der andere sogar noch dafür, dass du „so hilfreich" bist!

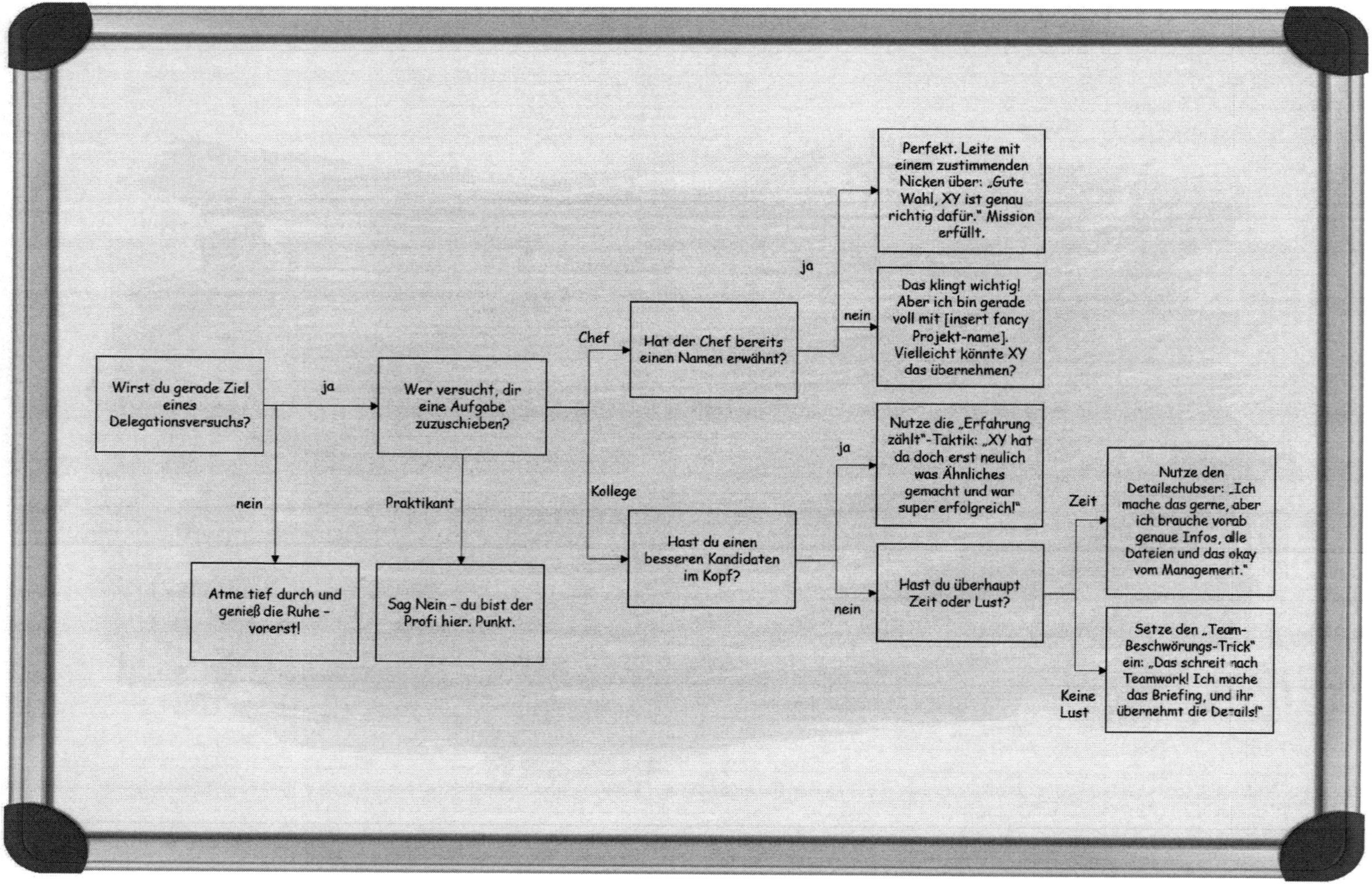
Wirst du gerade Ziel eines Delegationsversuchs?
ja
nein
Atme tief durch und genieß die Ruhe – vorerst!
Wer versucht, dir eine Aufgabe zuzuschieben?
Praktikant
Sag Nein – du bist der Profi hier. Punkt.
Chef
Hat der Chef bereits einen Namen erwähnt?
ja
Perfekt. Leite mit einem zustimmenden Nicken über: „Gute Wahl, XY ist genau richtig dafür." Mission erfüllt.
nein
Das klingt wichtig! Aber ich bin gerade voll mit [insert fancy Projekt-name]. Vielleicht könnte XY das übernehmen?
Kollege
Hast du einen besseren Kandidaten im Kopf?
ja
Nutze die „Erfahrung zählt"-Taktik: „XY hat da doch erst neulich was Ähnliches gemacht und war super erfolgreich!"
nein
Hast du überhaupt Zeit oder Lust?
Zeit
Nutze den Detailschubser: „Ich mache das gerne, aber ich brauche vorab genaue Infos, alle Dateien und das okay vom Management."
Keine Lust
Setze den „Team-Beschwörungs-Trick" ein: „Das schreit nach Teamwork! Ich mache das Briefing, und ihr übernehmt die Details!"

PROFI-TIPP!

Perfekte Delegation bedeutet nicht nur, Aufgaben loszuwerden – sondern dabei noch so auszusehen, als würdest du aktiv zur Lösung beitragen. Ein zufriedenes „Danke, dass du mir das zutraust!" kann Wunder wirken.

MINI-QUIZ – WIE GUT BIST DU IM DELEGIEREN?

Delegieren ist eine Kunstform und die Meister darin können Aufgaben mit der Eleganz eines Zaubertricks verschwinden lassen. Aber wie steht es um deine Fähigkeit, Arbeit charmant auf andere zu verteilen? Kreuze an, was du tun würdest und finde es heraus!

FRAGE 1: **Dein Chef verkündet, dass noch jemand die KPIs für die Rücksprache mit dem Controlling aufbereiten muss. Was machst du?**

- ☐ ● *„Okay, ich mach's, meldet sich ja keiner."*
- ☐ ■ *„Lasst uns das aufteilen: Ich mache das T emplate, jemand anderes die Zahlen."*
- ☐ ⬢ *„Peter ist ein absolutes Excel-Ass, das macht er sicher gerne."*

FRAGE 2: Ein Kollege schiebt dir die Aufgabe rüber, eine PowerPoint für einen spontanen Besuch der Geschäftsleitung zu bauen. Deadline: morgen früh. Was machst du?

- ⬢ „Maria hat doch die letzte Präsentation gemacht – die war ein voller Erfolg. Never change a running system!"
- ■ „Ich designe die Folien, du bringst die Fakten. Deal?"
- ● „Na klar, ich übernehme das – schließlich bin ich der kreative Kopf des Teams."

FRAGE 3: Du wirst gefragt, ob du einen Workshop am Freitagnachmittag moderieren kannst. Was machst du?

- ■ „Ich stelle die Agenda zusammen, Sarah übernimmt das Reden – die liebt das Rampenlicht."
- ● „Natürlich übernehme ich das. Die anderen sind noch nicht so tief im Thema."
- ⬢ „Martin, du willst doch Teamleiter werden? Das ist die perfekte Bühne für dich!"

FRAGE 4: **Die Kollegen überlegen, wer das nächste Team-Event organisieren soll. Was sagst du?**

- ◯ ● „Ich mach's. Mein Lebenslauf braucht dringend mehr Party-Expertise."
- ◯ ■ „Ich übernehme die Location, aber Verpflegung und Programm ist euer Part."
- ◯ ⬢ „Lisa hat doch das letzte Event gerockt. Wäre ja Verschwendung, ihr Talent nicht einzusetzen!"

FRAGE 5: **Der Kaffee-Vollautomat im Büro ist kaputt, und jemand muss den Techniker anrufen. Was machst du?**

- ◯ ⬢ „Paul hat das beim letzten Mal so charmant geregelt – der Techniker kennt bestimmt schon seine zarte Stimme."
- ◯ ■ „Ich suche die Nummer raus, aber Kathrin sollte anrufen – die hat den größten Koffeinbedarf hier."
- ◯ ● „Ich rufe sofort an. Ohne Kaffee bricht hier das Büro-Ökosystem zusammen."

AUSWERTUNG:

Was hast du am häufigsten angekreuzt?

● **DELEGATIONS-LOSER:**

Du bist derjenige, der alles nimmt, was keiner will. Dein Motto lautet „Ich mach's schon", selbst wenn du längst überladen bist. Zeit, das Spiel zu ändern!

■ **TEAMPLAYER:**

Du bist ein fairer Verteiler. Du packst mit an, sorgst aber dafür, dass die Arbeit gleichmäßig verteilt wird. Teamarbeit ist dein Ding – und das sieht man.

⬢ **STRIPPENZIEHER**

Du bist ein fairer Verteiler. Du packst mit an, sorgst aber dafür, dass die Arbeit gleichmäßig verteilt wird. Teamarbeit ist dein Ding – und das sieht man.

PROFI-TIPP!

Die wahre Fähigkeit des Delegierens besteht nicht nur darin, Aufgaben loszuwerden, sondern dabei auch noch als hilfsbereit und teamorientiert zu gelten.

LASS DICH INSPIRIEREN: BEKANNTE MEISTER-DELEGIERER

Delegieren ist keine moderne Erfindung. Die wahre Elite der Geschichte hat sich schon immer darauf verstanden, Arbeit mit gebieterischer Eleganz weiterzureichen. Hier ein Blick auf einige Persönlichkeiten, die das Spiel des klugen Arbeitsabschiebens perfektioniert haben.

JULIUS CÄSAR: DER MULTI-PROJEKTMANAGER DES RÖMISCHEN REICHS

DELEGATIONS-MOVE:

„Teile und herrsche" war nicht nur sein politisches Konzept, sondern auch seine Arbeitsphilosophie. Cäsar war so gut im Delegieren, dass er gleichzeitig Kriege führte, Gesetze verabschiedete und sogar Zeit für eine Affäre mit Kleopatra fand. Während er die Lorbeeren einsammelte, erledigten seine Legionäre den ganzen schmutzigen Teil der Arbeit.

LEGENDÄRES DELEGATIONS-ZITAT:

„Ich kam, ich sah, ich siegte."

ÜBERSETZUNG:

„Meine Leute haben's erledigt, ich nehme den Ruhm mit."

THOMAS EDISON: DER ERFINDER, DER SELBST KAUM ERFAND

DELEGATIONS-MOVE:

Edison hielt über 1.000 Patente, aber die eigentliche Arbeit machten oft seine über 200 Forscher in seinem Labor. Er hatte ein Talent dafür, die besten Köpfe um sich zu scharen, Ideen zu bündeln und sich am Ende als kreatives Genie feiern zu lassen.

FUN FACT:

Die berühmte Glühbirne? Nicht „seine" Erfindung – er ließ seine Mitarbeiter jahrelang tüfteln und setzte dann einfach seinen Namen drunter.

HENRY FORD: MEISTER DES „ICH MUSS NICHTS SELBST MACHEN"

DELEGATIONS-MOVE:

Ford revolutionierte die Produktion, indem er das Fließband einführte und damit sicherstellte, dass er nie selbst Hand anlegen musste. Während andere in Fabriken schufteten, war er mit der Optimierung von Prozessen beschäftigt.

WITZIGES DELEGATIONS-DETAIL:

Er weigerte sich jahrelang, das Design des Model T zu ändern, weil seine Ingenieure sich um „diesen Kleinkram" kümmern sollten.

STEVE JOBS: DER APPLE-FLÜSTERER MIT DELEGATIONS-GENIE

DELEGATIONS-MOVE:

Jobs war kein Programmierer, kein Designer und kein Ingenieur, aber er konnte Menschen dazu bringen, für ihn Weltklasse-Produkte zu entwickeln. Sein größtes Talent? Die Fähigkeit, sein Team an den Rand des Wahnsinns zu treiben, damit es Unmögliches möglich machte.

LEGENDÄRE DELEGATIONS-PHILOSOPHIE:

„Es ergibt keinen Sinn, kluge Leute einzustellen und ihnen zu sagen, was sie tun sollen. Wir stellen kluge Leute ein, damit sie uns sagen, was wir tun sollen."

ÜBERSETZUNG:

„Macht ihr das, ich halte die Keynote."

NAPOLEON BONAPARTE: DER HERRSCHER, DER BRIEFE SCHRIEB, STATT ZU KÄMPFEN

DELEGATIONS-MOVE:

Napoleon war kein Fan von Mikro-Management. Statt sich in Kleinkram zu verlieren, ließ er seine Generäle die Schlachten schlagen, während er sich auf Strategie und PR konzentrierte.

FUN FACT:

Er schrieb täglich Dutzende Briefe mit Anweisungen, die andere umsetzen mussten – und wenn etwas schiefging, war nie er schuld.

WALT DISNEY: DER MANN MIT IDEEN, ABER OHNE ZEICHENSTIFT

DELEGATIONS-MOVE:

Disney war kein Animator, kein Programmierer und kein Ingenieur, aber er verstand es meisterhaft, die besten Talente für sich arbeiten zu lassen. Während andere zeichneten, kreierten und bauten, nahm er das Lob entgegen.

LEGENDÄRES ZITAT:

„Du kannst träumen, entwerfen und planen, aber du brauchst Menschen, die dir helfen, es umzusetzen."

ÜBERSETZUNG:

„Ich denke mir den Zauber aus, ihr macht die Arbeit."

LEKTION!

Diese historischen Persönlichkeiten haben bewiesen, dass wahre Größe nicht darin liegt, alles selbst zu machen – sondern darin, andere dazu zu bringen, die Arbeit zu erledigen. Ob Kaiser, Unternehmer oder Kreativkopf: Die größten Delegier-Künstler der Geschichte haben sich ihre Erfolge von fleißigen Teams erarbeiten lassen.

Lektion für den Büroalltag: Wenn du delegieren kannst, dann tu es. Es könnte dein Meisterwerk werden!

KAPITEL 8:
DIE HOHE KUNST DES NICHT-ERREICHBAR-SEINS

Wie du überall gleichzeitig bist –
außer dort, wo Arbeit auf dich wartet.

Zuletzt aktiv
vor 5 Stunden.

Erreichbarkeit ist für Anfänger. Die wahren Büro-Legenden wissen: Wer immer verfügbar ist, bekommt auch immer die nächste Aufgabe aufs Auge gedrückt. Doch wer strategisch abtaucht, bleibt ungestört und wirkt dabei trotzdem beschäftigt. Willkommen in der Königsklasse des modernen Bürolebens: Maximale Tarnung bei minimalem Einsatz.

Die Regeln sind einfach: Dein Kalender ist voll, dein Status signalisiert Dauerstress, und E-Mails beantwortest du mit chirurgischer Präzision – immer so spät, dass das Problem sich von selbst erledigt, aber nie so auffällig, dass es nach Faulheit riecht. Deine Meetings? Perfekte Tarnung für „nicht ansprechbar". Dein Homeoffice? Eine Blackbox, in der du jederzeit „technische Probleme" vorschieben kannst.

In diesem Kapitel lernst du, wie du dich so unsichtbar machst, dass dein Name zwar auf jeder Teilnehmerliste steht, aber niemand dich je live gesehen hat. Es wird Zeit, deinen inneren Büro-Ninja zu wecken. Bereit, im Nebel der Unerreichbarkeit zu verschwinden?

E-MAIL-TARNUNG: DIE PERFEKTE ANTWORTZEIT-STRATEGIE

E-Mails sind der ultimative Tarnumhang der modernen Bürokratie: Sie lassen dich erreichbar wirken, während du es eigentlich nicht bist. Antworte gerade schnell genug, um engagiert zu wirken – aber bedacht genug, um nicht zum Dauer-Ansprechpartner zu werden. Hier sind die besten Strategien, um deine Antwortzeit taktisch zu steuern.

DIE „GEISTER-TAKTIK“: SEI SELEKTIV, ABER NICHT VERDÄCHTIG

Antworte nie sofort, sonst wirkst du so, als würdest du am Rechner sitzen und auf Arbeit warten. Und genau das darf niemand denken!

- *Unwichtige Mails?* *Mindestens 4 Stunden ignorieren.*
- *Dringende Mails?* *Kurz vorm Feierabend beantworten, dann kann keiner mehr nachhaken.*
- *Komplizierte Anfragen?* *Am besten am Freitagabend senden, damit das Problem am Montag vielleicht schon erledigt ist.*

DIE „TIMING-MAGIE“: PERFEKTE ANTWORTZEITEN FÜR MAXIMALE RUHE

Wann du eine Mail schickst, entscheidet über den Rest deines Tages.

- *Vor 9 Uhr:* *Sieht fleißig aus, aber keiner erwartet eine sofortige Antwort.*
- *Mittags (12:30 – 14:00):* *Perfekte Tarnzeit. Jeder denkt, du bist irgendwo in einem Call oder mit „wichtigen Themen“ beschäftigt.*
- *Freitag 16:55:* *Absoluter Profi-Move. Die Chance, dass jemand am Montag nochmal nachhakt, liegt bei exakt null.*

PROFI-TRICK

Stell Mails auf „Später senden“, damit du immer zum perfekten Zeitpunkt antwortest, auch wenn du gerade am Smartphone bist.

DIE „UNKLARE ANTWORT"-TECHNIK: VIEL SAGEN, NICHTS TUN

Das Ziel ist es, so zu antworten, dass es aussieht, als würdest du helfen – aber eigentlich nur Zeit schinden.

- ***„Ich nehme das mal mit."*** *(Wohin? Niemand weiß es.)*
- ***„Lass mich das prüfen."*** *(Keine weitere Angabe, also kein Stress für dich.)*
- ***„Das sollten wir im Team besprechen."*** *(Heißt: Hoffentlich übernimmt es wer anderes.)*

EXTRAPUNKT:

Kombiniere diese Technik mit einer Weiterleitung an jemanden, der garantiert langsamer antwortet als du.

DIE DEADLINE-VERSCHIEBUNG: LASS DIE MAIL FÜR DICH ARBEITEN

Die Deadline ist dein Freund, wenn du sie richtig einsetzt.

- *Aufgaben-Weitergabe: „Ich brauche noch ein paar Infos dazu, kannst du das mal für mich zusammentragen?"*
- *Unklare Zeithorizonte: „Lass uns das baldmöglichst angehen."* (Keiner weiß, wann „baldmöglichst" ist.)
- *Gruppenverzögerung: „Ich warte noch auf Feedback von Katja."* (Ob du wirklich gefragt hast? Niemand prüft das.)

SUPER-MOVE:

Warte mit der Antwort, bis jemand anderes in CC das Problem schon gelöst hat. Dann brauchst du gar nichts mehr zu tun.

DER STATUS-MOVE: UNSICHTBAR IM DIGITALEN BÜRO

Früher reichte es, einfach nicht am Platz zu sein – heute sagt dein Online-Status alles über dich aus. Doch wahre Büro-Strategen haben längst verstanden, dass „grün" (also verfügbar) ein Anfängerfehler ist. Niemand mit echtem Einfluss ist je durchgängig „verfügbar". Die Kunst ist es, in einer Welt voller digitaler Transparenz mysteriös zu bleiben – beschäftigt, aber nie direkt greifbar. Hier sind die besten Status-Tricks für maximale Unerreichbarkeit:

DER „DAUER-CALL“-TRICK: IMMER IN EINEM MEETING SEIN

Die goldene Regel lautet: Wer in einem Call ist, kann nicht arbeiten, aber auch nicht gestört werden. Setze deinen Status auf „In einem Meeting", auch wenn du gerade in der Küche stehst und den perfekten Milchschaum zauberst. Niemand hinterfragt es, jeder respektiert es.

KURZ ABWESEND: DIE DIGITALE TARNKAPPE

Dieser Status ist perfekt, wenn du nicht sofort antworten willst, aber auch nicht als verschollen gelten möchtest. Er signalisiert: „Ich bin busy, aber wenn's sein muss, könnte ich vielleicht ..." Eine Einladung zur Eigenverantwortung für deine Kollegen!

EXPERTEN-MOVE:

Kombiniere diesen Status mit „Schreibe gerade eine Antwort ..." im Chat, ohne je eine zu senden.

NICHT STÖREN: FÜR DIE AURA DES UNANTASTBAREN GENIES

Wahre Führungspersönlichkeiten haben immer etwas Wichtigeres zu tun. Der „Nicht stören"-Status wirkt wie ein Zauber, der Fragen abblockt, Aufgaben aufhält und Kollegen nervös macht.

FEINSCHLIFF FÜR FORTGESCHRITTENE:

Schalte „Benachrichtigungen pausieren" ein, dann sieht es so aus, als würdest du gerade über die nächste Firmenstrategie brüten.

UNSICHTBAR-MODUS: DAS BÜRO-PHANTOM

Dieser Modus ist für wahre Unsichtbarkeits-Meister. Du bist online, aber niemand sieht dich – ein digitaler Schatten, der sich nur dann zeigt, wenn es dir passt. Perfekt für den strategischen Überraschungsauftritt („Oh, hab's jetzt erst gesehen!"). Logge dich morgens kurz ein, gehe dann direkt wieder „offline". So denkt jeder, du bist irgendwo tief im Tagesgeschäft gefangen.

STRATEGISCHE MEETINGS: DER PERFEKTE VORWAND FÜR UNERREICHBARKEIT

Meetings sind nicht dazu da, Probleme zu lösen – sie sind dafür da, dich elegant aus der Schusslinie zu halten. Wer in einem Meeting ist, kann keine spontane Aufgabe übernehmen. Wer „leider schon verplant" ist, bleibt verschont. Die Regel lautet: Ein voller Kalender ist der digitale Schutzschild gegen jegliche Verantwortung.

DIE „DAUERHAFT BESCHÄFTIGT"-TAKTIK: DEIN KALENDER ALS VERTEIDIGUNGSMAUER

Ein leerer Kalender? Gefährlich. Sofort wird man gefragt: „Kannst du mal schnell ...?" Die Lösung: Blöcke mit Meetings, die absolut unantastbar wirken:

- ***Projekt-Alignment:*** *Vage genug, um nie hinterfragt zu werden.*
- ***Strategische Abstimmung:*** *Strategisch für dich, weil du dabei nichts tun musst.*
- ***Deep Dive:*** *Niemand weiß, was das ist – perfekt.*
- ***Fokuszeit:*** *Klingt nach Höchstleistung, ist aber deine Kaffeepause.*

PROFI-TIPP!

Platziere Meetings kurz vor der Mittagspause oder dem Feierabend – so kannst du direkt „flüchten".

DIE „DOPPELBUCHUNG“: ZWEI MEETINGS, NULL OUTPUT

Wahre Meister des Meeting-Betriebs sind immer in zwei Terminen gleichzeitig.

- ***„Ich bin parallel noch in einer anderen Abstimmung“ –***
  Perfekte Ausrede, um nicht sprechen zu müssen.
- ***„Lasst mir einfach ein Update da“ –***
  Heißt: Ihr macht das schon, ich bin raus.
- ***„Ich komme gleich nach“ –***
  Was niemals passiert.

PROFI-TIPP!

Lasse Teams & Zoom in zwei Fenstern offen. Falls jemand nachfragt, schalte einfach hektisch zwischen den Calls um.

DER UNANGENEHME ZEITPUNKT: MEETINGS, DIE KEINER WILL

Wenn du ein Meeting ansetzt, dann so, dass niemand wirklich teilnehmen möchte – oder zumindest geistig abwesend ist. Warum? Weil ein Meeting, das strategisch miserabel terminiert ist, entweder abgesagt, auf später verschoben oder so lustlos durchgezogen wird, dass am Ende keiner genau weiß, was besprochen wurde. Perfekt für dich!

Hier sind die besten Slots, um dein Meeting so unangenehm wie möglich zu timen:

- ✔ **Freitag 17:00 Uhr:** *Niemand will das Wochenende mit Arbeit starten, also wird alles auf „nächste Woche" vertagt.*
- ✔ **Montag 08:30 Uhr:** *Die Kollegen brauchen erst mal drei Kaffee, bevor sie überhaupt zuhören können.*
- ✔ **Mittwoch 11:45 Uhr:** *Alle denken nur an Essen, keiner hört richtig zu, und um 12:00 Uhr sind sowieso alle raus.*
- ✔ **Donnerstag 17:30 Uhr:** *Keiner traut sich abzusagen, aber jeder hasst dich innerlich dafür.*
- ✔ **Tag X um 07:00 Uhr:** *Du erscheinst als extrem engagiert, während alle anderen mental noch im Bett liegen.*
- ✔ **Brückentag oder letzter Tag vor dem Urlaub:** *Niemand hat Lust auf Tiefgang. Alles wird „zur Wiedervorlage" verschoben.*

PROFI-TIPP!

Wenn du merkst, dass jemand ein Thema auf dich abwälzen will, sag: „Lass uns das in einem separaten Deep-Dive besprechen. Ich stelle gleich mal eine Einladung ein!" Niemand will diesen Deep-Dive. Niemand. Und so hast du erfolgreich Zeit geschunden.

DER MYSTERIÖSE ARBEITSPLATZ

Jeder kennt diesen einen Kollegen, den man nie wirklich am Schreibtisch sieht, aber trotzdem taucht sein Name in jeder Mail-Korrespondenz auf, als wäre er allgegenwärtig. Du siehst ihn mal am Drucker, mal in der Kaffeeküche, angeblich war er auch „kurz beim Kunden" – und doch erledigt er nie etwas Greifbares. Mit den richtigen Taktiken kannst du den Eindruck maximaler Geschäftigkeit erwecken, während du dich strategisch aus dem Geschehen herausnavigierst.

DIE KANTINEN-FLUCHT

Ein leerer Kalender? Gefährlich. Sofort wird man gefragt: „Kannst du mal schnell ...?" Die Lösung: Blöcke mit Meetings, die absolut unantastbar wirken:

- ***Früh losgehen,*** *um „den großen Andrang zu vermeiden".*
- ***Nachbereitung:*** *„Schnell noch einen Kaffee holen" verlängert alles um 15 Minuten.*
- ***Falls jemand fragt:*** *„Boah, die Schlange war brutal!" – niemand wird es je nachprüfen.*

GERADE BEIM KUNDEN

Die beste Ausrede für totale Freiheit. Niemand weiß, wo du bist, aber „beim Kunden" klingt verdammt wichtig.

- ***Sei vage:*** *„Musste spontan ein Feuer löschen."*
- ***Falls jemand nachhakt:*** *„Hauptsächlich operative Themen."*
- ***Profi-Trick:*** *Kombiniere „beim Kunden" mit „Homeoffice" – absolut unauffindbar.*

DER BÜRO-TARNMODUS

Perfekte Tarnzonen für Leute, die anwesend wirken wollen, ohne erreichbar zu sein:

- ***Druckerbereich:*** *Konzentriert aufs Gerät starren. Funktioniert immer.*
- ***Kaffeeküche:*** *Becher in der Hand = offizielles Business-Accessoire.*
- ***Flur:*** *Handy ans Ohr, ernst gucken – „Sorry, bin gerade in einer Strategiediskussion ... sehr wichtig!"*

DIE „GERADE-NOCH-DA-GEWESEN"-METHODE

Falls jemand dich sucht, hinterlasse Spuren deiner „Existenz":

- *Eine* ***halbvolle Kaffeetasse*** *und ein* ***offenes Word-Dokument*** *wirken Wunder.*
- ***Falls du doch erwischt wirst:*** *„Oh, war gerade noch hier. Schade, dass wir uns verpasst haben!"*
- ***Fortgeschrittenen-Taktik:*** *Kopfhörer auf den Tisch legen. Es sieht aus, als wärst du nur kurz raus.*

KAPITEL 9: FEIERN, FORTBILDUNGEN UND PFLICHT-VERANSTALTUNGEN ÜBERLEBEN

Wie du dich charmant durch Karaoke, Schulungen und Teamevents schummelst und dabei noch als engagierter Kollege gefeiert wirst.

TEAMWORK CHALLENGE

Es gibt Events im Büro, die inoffiziell Pflicht sind, aber keiner spricht es laut aus. Offiziell geht es um „Teambuilding" und „Netzwerken", doch in Wahrheit sind Fortbildungen, Firmenfeiern und Workshops die größte Belastungsprobe für deine sozialen Tarnfähigkeiten.

Hier gilt die unausgesprochene Regel: Niemand will wirklich da sein, aber jeder weiß, dass „nicht teilnehmen" keine Option ist. Wer fehlt, hat offiziell „leider einen anderen wichtigen Termin", aber wer wirklich clever ist, taucht auf und setzt sich dabei minimalem Aufwand und maximalem Wohlfühlmodus aus.

Das Problem? Du kannst nicht einfach nur anwesend sein, du musst den Eindruck erwecken, du wärst voll engagiert. Während die einen mit strategischem Nicken und langweiligen Floskeln die Zeit überbrücken, landen die Unvorsichtigen plötzlich als Moderator eines Icebreaker-Spiels oder – noch schlimmer – am Mikrofon einer Karaoke-Nacht.

Doch keine Sorge: Mit diesem Kapitel wirst du nie wieder ahnungslos in ein Firmenevent stolpern. Und wenn alles schiefgeht? Nun ja, es gibt immer einen Fluchtweg zur Kaffeetheke oder Bar!

FORTBILDUNG MIT MINIMALAUFWAND

Fortbildungen sind die Netflix-Dokus des Bürolebens. Man ist offiziell dabei, aber eigentlich hofft man, dass niemand nachfragt, worum es gerade geht. Während die Übermotivierten in der ersten Reihe mitschreiben, wirst du dich darauf konzentrieren, intellektuelle Präsenz zu simulieren, ohne unnötige Energie zu verschwenden. Damit du als engagierter Teilnehmer durchgehst, ohne auch nur eine Hirnzelle zu überlasten, hier die bewährtesten Techniken:

DER „HOCHKONZENTRIERTE PROFI"-MODUS

Du siehst aus, als würdest du jede Silbe aufsaugen, doch in Wahrheit planst du dein Abendessen. Das Geheimnis? Die perfekte Mischung aus Körpersprache, vagen Reaktionen und absoluter Inhaltsleere. Mit diesen Techniken wirst du als tiefgründiger Vordenker wahrgenommen, während dein Gehirn im Energiesparmodus bleibt.

- ✓ *Leicht die Stirn runzeln, als würdest du die tiefe Essenz jedes Satzes analysieren.*
- ✓ *Gelegentliches, bedeutungsschweres Nicken, aber nicht zu oft, sonst wirkst du wie ein Wackeldackel auf Koffein.*
- ✓ *Einmal pro Stunde ein theatralisches „Mhm ... interessant." murmeln. Ziel: Die Leute sollen sich fragen, was genau du da gerade verstanden hast.*
- ✓ *Verdopple die Wirkung mit dem nächsten Punkt: Kritzle etwas auf dein Notizblatt, das seriös aussieht.*

NOTIZEN, DIE NICHTS AUSSAGEN

Niemand wird jemals nachsehen, was du aufschreibst, also nutze den Freiraum kreativ.

- ✓ **Buzzword-Bingo:** *Schreibe bedeutungslose Phrasen auf („Synergien stärken", „Optimierungspotenziale evaluieren").*
- ✓ **Einkaufsliste:** *Falls du später noch in den Supermarkt musst – jetzt ist der Moment.*
- ✓ **Pseudo-Matrizen mit Pfeilen, die nirgendwo hinführen** *– sieht analytisch aus.*

- Unlesbare Kritzeleien – falls du erwischt wirst, sagst du: „Ich arbeite mit visuellen Mindmaps.“
- Unlesbare Kritzeleien – falls du erwischt wirst, sagst du: „Ich arbeite mit visuellen Mindmaps.“

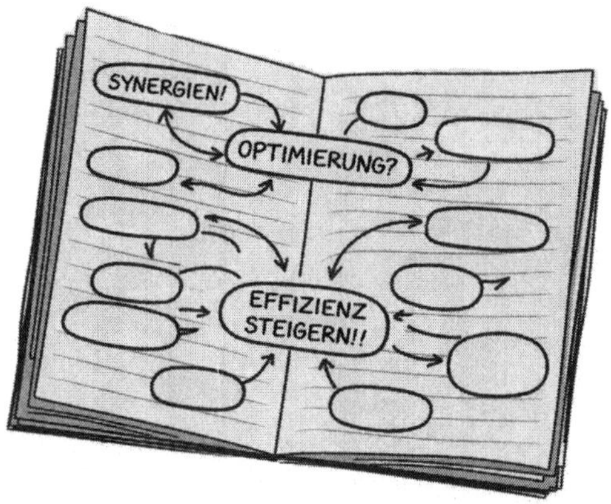

DIE FRAGE, DIE ALLES RETTET

Wer einmal eine kluge Frage stellt, bekommt einen Freifahrtschein für den Rest des Tages.

- *Sie muss so vage sein, dass sie nicht direkt beantwortet werden kann („Wie kann man das noch effizienter gestalten?“).*
- *Sie sollte so klingen, als wärst du brutal tief im Thema („Welche Herausforderungen sehen Sie langfristig in diesem Ansatz?“).*
- *Wenn du völlig aufgeschmissen bist: „Wie sehen Sie das aus Ihrer Erfahrung?“ 100 Prozent Trefferquote, der Referent redet garantiert zehn Minuten, denn jeder wird gerne nach seiner Meinung gefragt.*

PROFI-TIPP!

Sobald deine Frage beantwortet wurde, nicke nachdenklich, atme tief ein und sage: „Ja, das macht Sinn." Danach ist deine geistige Anwesenheit für den Rest der Fortbildung nicht mehr erforderlich.

DIE STRATEGISCHE KAFFEEPAUSE

Die wahre Fortbildung findet nicht im Seminarraum statt, sondern an der Kaffeemaschine. Hier werden Netzwerke geknüpft, Überlebensstrategien ausgetauscht und vor allem Minuten gesammelt, die du nicht im Plenum verbringen musst.

- ✔ *Strecke dich ausgiebig, als wäre dein Gehirn gerade durch eine mentale Extremsport-Einheit gegangen.*
- ✔ *Falls der Referent vorbeikommt, nicke wissend und murmle ein bedeutungsvolles „Sehr spannend bisher."*
- ✔ *Keinesfalls zu früh zurück in den Raum gehen, die Fortbildung beginnt auch ohne dich.*
- ✔ *Kehre als Letzter zurück, atme leicht angestrengt durch die Nase aus und flüstere deinem Sitznachbarn zu: „Boah, der Austausch in der Pause war gerade Gold wert ..." – Mission erfolgreich.*

PROFI-TIPP!

Es geht nicht darum, was du mitnimmst – sondern darum, dass alle denken, du hast richtig viel mitgenommen.

TEAMEVENTS ÜBERSTEHEN – PRÄSENZ ZEIGEN, OHNE WIRKLICH MITZUMACHEN

Teambuilding-Events sind wie schlechte Filme: Man weiß, dass sie eine Qual werden, aber irgendwie muss man durch. Während andere sich voller Eifer in Seilziehen, Vertrauensübungen oder kreative Gruppenaufgaben stürzen, ist dein Ziel klar: Nicht negativ auffallen, aber auch nichts tun, was unnötig ins Schwitzen bringt. Hier sind die besten Taktiken, um am Rand zu bleiben und trotzdem als engagierter Teamplayer zu gelten.

DIE KUNST DER PERFEKTEN POSITIONIERUNG

Der sicherste Weg, sich aus dem Schussfeld zu halten, ist eine durchdachte Platzierung. Wer clever steht, wird nie für unfreiwillige Gruppenaktivitäten herangezogen.

- ✓ *Bleib in Bewegung. Wer an einem festen Platz bleibt, wird vom Moderator gnadenlos rekrutiert. Ein „Ich hol mir noch kurz Wasser" rettet dich zuverlässig.*
- ✓ *Tarnzone: leicht versetzt hinter den Lautsprechern oder Flipcharts. Wenn du so tust, als würdest du etwas „im Blick behalten", fragt keiner nach.*
- ✓ *Immer eine kleine Requisite in der Hand halten (Notizblock, Stift, Kaffeebecher). Wer beschäftigt aussieht, wird nicht eingebunden.*

DIE VERBAL-AKTIVITÄT: BETEILIGE DICH OHNE RISIKO

Die einfachste Art, Aktivität vorzutäuschen, ist Reden statt Tun. Wer kluge Fragen stellt, wird nicht gebeten, den Hindernisparcours zu durchqueren.

- ✔ *„Was genau ist das Ziel dieser Übung?" – Klingt neugierig, kostet dich aber null körperlichen Einsatz.*
- ✔ *„Gute Idee! Vielleicht könnte jemand das nochmal durchdenken?" Du unterstützt, ohne selbst in Gefahr zu geraten.*
- ✔ *Szenario: Jemand will dich nominieren? Antworte mit: „Oh super, das kannst du bestimmt besser als ich!" – ein psychologischer Konter, der die Nominierung zurücklenkt.*

DIE NOTFALLKARTE: FAKE-VERANTWORTUNG ÜBERNEHMEN

Solltest du trotzdem ins Zentrum der Aufmerksamkeit geraten, gibt es Exit-Strategien für Profis.

- ✔ *Werde „Dokumentationsbeauftragter". Kamera zücken, ein paar Schnappschüsse fürs Intranet machen und dann auf mysteriöse Weise verschwinden.*

- Übernimm „wichtige Koordination“. Stehe am Rand und erkläre ernsthaft: „Ich halte den Überblick, wer schon dran war!“ – niemand überprüft das je.
- Energisches Kopfnicken kombiniert mit gezieltem Applaudieren. Wer mit Gesten motiviert, sieht aus, als wäre er dabei, macht aber nichts.

DIE „UNVERZICHTBARE ASSISTENZ“-TAKTIK

Manchmal ist es klüger, sich nicht gegen das Event zu wehren, sondern sich taktisch unersetzbar zu machen.

- Melde dich früh für eine unkritische Nebenrolle. „Ich kann ja die Punkte auf dem Flipchart notieren!“ Zack, du stehst zwar mitten im Geschehen, aber niemand erwartet aktive Teilnahme.
- Werde „Material-Manager“. „Ich halte die Stoppuhr“ oder „Ich bringe die Zettel rum“ – jeder denkt, du hilfst, in Wirklichkeit machst du nichts.
- Täusche eine logistische Aufgabe vor. Wer hektisch den Raum scannt und murmelt „Haben wir eigentlich genug Stühle?“, sieht aus, als wäre er wichtig und ist plötzlich von der Gruppenübung befreit.

PROFI-TIPP!

Falls es eine Reflexionsrunde gibt, sag einfach: „Ich fand’s spannend zu sehen, wie unterschiedlich alle an die Aufgabe rangegangen sind.“ Ein Satz, der nichts sagt, aber alle zufriedenstellt.

DIE GRATWANDERUNG BEI FIRMENFEIERN

Firmenfeiern sind ein sozialer Hochseilakt ohne Sicherheitsnetz. Einerseits willst du nicht als Spaßbremse gelten, andererseits möchtest du auch nicht als die Person enden, über die Montag im Flurfunk geflüstert wird. Denn merke: Ein schlechter Eindruck im Meeting hält sich eine Woche, aber ein peinlicher Moment auf der Weihnachtsfeier überlebt Generationen. Hier kommt dein Überlebensleitfaden für das perfekte Firmenfeier-Balancing.

DIE RICHTIGE ANKUNFTSSTRATEGIE: BLOSS NICHT ZU FRÜH (UND NICHT ZU MOTIVIERT)

✔ *Komm nicht als Erster. Wer pünktlich erscheint, landet unfreiwillig im Orga-Team und darf Stehtische rücken oder dem DJ erklären, warum „Atemlos" nicht nochmal laufen sollte. Optimal: 30 bis 45 Minuten nach offiziellem Start auftauchen. Das Buffet ist eröffnet, die Stimmung ist warmgelaufen, aber du umgehst die unangenehme „Wer kommt noch?"-Phase.*

✔ *Betrete den Raum mit der Souveränität eines Menschen, der hier nur kurz reinschaut. Ein strategisches Kopfnicken, kombiniert mit einem beiläufigen „Ah, sieht schon gut gefüllt aus" gibt dir Zeit, die Fluchtrouten und potenziell unangenehme Gesprächspartner zu identifizieren.*

- Niemals zu enthusiastisch wirken. Wer mit „YES, endlich Firmenfeier!" einläuft, wird sofort verdächtigt, entweder zu wenig Privatleben oder zu viel Nachholbedarf zu haben. Optimal: Interessiert, aber gelassen, als hättest du schon viele dieser Events überlebt.

TRINKEN MIT BEDACHT: DIE KARRIERE HÄNGT AM PEGEL

- Der „Social Drink" ist Pflicht, aber bitte strategisch dosiert. Wer am Wasserglas nuckelt, wird für langweilig gehalten, aber wer nach einer halben Stunde schon nach dem DJ ruft, wird Dienstag in die Personalakte aufgenommen.
- Faustregel: Halte immer einen Drink in der Hand, aber wechsle geschickt zwischen Alkohol und Softdrinks. Niemand zählt mit, und du kannst so tun, als wäre dein Ginger Ale ein Gin Tonic.
- Was tun, falls jemand Shots bestellt? Starte eine hitzige Diskussion darüber, ob Hochprozentiges wirklich ins Budget des Unternehmens gehört, während du unauffällig dein Glas verschwinden lässt.

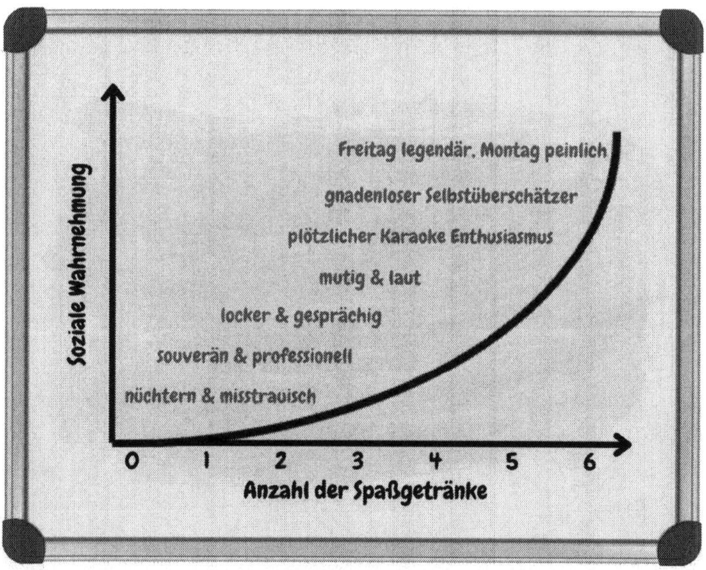

SMALL TALK, DER DICH SICHER DURCH DEN ABEND BRINGT

- ✔ Die goldene Regel: Niemals über die Arbeit reden. Wer auf der Feier über Projekte spricht, verliert. Themen wie Urlaub, Netflix oder „Wie absurd teuer alles geworden ist" sind sicherer.
- ✔ Die „Runde drehen"-Technik: Rede mit vielen Leuten kurz, statt in einem endlosen Gespräch gefangen zu bleiben. Ein „Ich schnapp mir noch was zu trinken" ist der perfekte Exit.
- ✔ Der Humor-Check: Halte dich von Büro-Insider-Witzen fern – das, was an der Kaffeemaschine lustig war, kann in Feierlaune schnell zur „unangemessenen Bemerkung des Jahres" werden.

TANZFLÄCHE, KARAOKE & CO.: SOLL ICH ODER SOLL ICH NICHT?

- ✔ Die Tanzfläche ist wie heiße Lava. Betritt sie nur mit Bedacht. Ein kleiner Wipp-Move am Rand ist okay, aber wer zu früh ausrastet, wird in Bürofotos festgehalten, die nie gelöscht werden.
- ✔ Karaoke? Nur wenn du sicher bist, dass jemand schlechter singt als du. Falls nicht, applaudiere enthusiastisch, aber halte das Mikro in sicherer Entfernung.
- ✔ Fotofalle vermeiden: Bleibe hinter der Kamera, denn wer Bilder macht, taucht seltener darauf auf.

NETZWERKEN OHNE AUFWAND: GESPRÄCHE FÜHREN, DIE SICH SELBST ENTSORGEN

Firmenfeiern, Workshops oder Pflichtveranstaltungen sind die Hochzeiten des unfreiwilligen Netzwerkens. Offiziell geht es darum, wichtige Kontakte zu knüpfen, Abteilungen zu vernetzen und Synergien zu schaffen. Inoffiziell bedeutet es, mit einem Drink in der Hand planlos durch den Raum zu treiben, während man versucht, nicht mit dem falschen Kollegen in einem unentrinnbaren Gespräch über die Probleme der Abteilungsrestrukturierung zu landen. Doch keine Sorge! Hier sind die raffiniertesten Strategien, um sichtbar, aber unverbindlich zu netzwerken und dabei mit minimalem Aufwand als charismatischer Teamplayer durchzugehen.

DIE „ICH BEWEGE MICH IM STROM"-METHODE: NETZWERKEN OHNE EIGENE INITIATIVE

Die beste Möglichkeit, nicht in ein endloses Gespräch verwickelt zu werden? Sich einfach treiben lassen.

✔ *Schließe dich einer bestehenden Gruppe an, aber rede nicht über Tiefgründiges. Bleib am Rand, nicke an den richtigen Stellen und lass andere die Arbeit machen.*

✔ *Geh immer dorthin, wo Bewegung ist. Menschen, die sich im Raum bewegen, wirken automatisch beschäftigt – also bewege dich von Bar zu Buffet zu Stehtisch und wieder zurück.*

✔ *Bleib nie zu lange an einem Ort. Wer länger als fünf Minuten irgendwo steht, wird als „offizieller Gesprächspartner" gebucht. Dreh einfach nach ein paar Sätzen den Kopf zur Seite und sag: „Oh, da hinten ist noch jemand, den ich kurz begrüßen muss ...", auch wenn da nur die Pflanze steht.*

PROFI-TIPP!

Schau immer wieder suchend in den Raum, als würdest du jemanden Wichtiges erwarten. Niemand hält einen Kollegen auf, der vermeintlich „auf dem Weg zu jemand anderem" ist.

DIE „ONE-LINER-GESPRÄCHE": SCHNELL, EFFEKTIV, WIEDER VERGESSEN

Du musst nicht tiefgründig netzwerken. Manchmal reicht es, kurz und knackig sichtbar zu sein, bevor du weiterziehst.

- ✔ *Klassiker: „Schön, dich mal außerhalb der Meetings zu sehen!" Du hast das soziale Minimum erfüllt, bist aber für keine weitere Konversation verpflichtet.*
- ✔ *Small-Talk-Brecher: „Ah, bist du auch nur für das Buffet hier?" – Löst entweder ein Gespräch aus oder verschafft dir eine Lachminute, bevor du dich aus dem Staub machst.*
- ✔ *Schein-Interesse: „Und, was ist gerade dein größtes Projekt?" – Dein Gesprächspartner fängt an zu erzählen, und du kannst mental auschecken.*

TIMING-HACK:

Wechsle nach maximal zwei Minuten das Thema oder schiebe eine Pseudoverpflichtung vor: „Ich muss mir mal kurz einen Drink holen ..." (den du eigentlich gar nicht willst).

DER „VERMITTLER-MOVE“: DELEGIERTES NETZWERKEN

Das Ziel: Ein Gespräch weiterreichen, bevor du selbst aktiv werden musst.

- ✔ *Kombiniere zwei Menschen, die du loswerden willst: „Übrigens, ihr solltet euch echt mal kennenlernen, ihr habt bestimmt gemeinsame Themen!“ Danach einfach rückwärts aus dem Bild gleiten.*

- ✔ *Auf andere umleiten: Wenn dir eine Frage gestellt wird, die nach Meinung oder Wissen verlangt, antworte mit „Das ist spannend, ich glaube, Max aus dem Controlling hatte dazu neulich eine super Einschätzung!“ Dann winke Max herbei und lass die zwei sich selbst beschäftigen.*

- ✔ *Lob als Fluchtmöglichkeit nutzen: „Lisa, du bist doch ein absolutes Organisationstalent! Wie würdest du das sehen?“ Während Lisa ausholt, hast du Zeit, dich Richtung Buffet zu bewegen.*

ACHTUNG!

Funktioniert am besten in Räumen mit mehreren Gesprächsgruppen. Wer es in der falschen Ecke einsetzt, sitzt plötzlich mit drei neuen Gesprächspartnern fest.

DER STILVOLLE ABGANG

Das Firmen-Event neigt sich dem Ende zu (zumindest für dich), und es ist an der Zeit, unauffällig, aber souverän zu verschwinden.

Ein schlechter Abgang kann dein gesamtes Image ruinieren – sei es durch das berühmte französische „Ich bin mal kurz weg und tauche nie wieder auf" oder die peinliche Variante, bei der du dich nach fünf Minuten von jedem persönlich verabschiedest. Hier sind die besten Strategien, um eine Firmenfeier oder ein Event so zu verlassen, dass am nächsten Tag niemand tuschelt, oder dich überhaupt vermisst.

DIE „HABE NOCH EINEN WICHTIGEN TERMIN"-TAKTIK

Klassisch, simpel, effizient.

- ✔ *Verabschiede dich mit einem Hauch von Wichtigkeit. Murmle etwas wie „Morgen früh steht ein krasses Meeting an" – egal, ob dein Kalender leer ist.*
- ✔ *Die Premium-Version: „Ich muss leider los, sonst komme ich morgen nicht auf Betriebstemperatur." Das klingt verantwortungsvoll und niemand wird dich aufhalten.*
- ✔ *Vermeide Übertreibungen. Wer groß ankündigt, dass er „noch etwas extrem Dringendes vorbereiten muss", wird spätestens beim nächsten Meeting gefragt, was dabei rausgekommen ist.*

DIE GEISTER-TAKTIK: UNSICHTBAR VERSCHWINDEN

Manche Menschen brauchen eine große Verabschiedung – du nicht. Du willst keine Welle machen, keine Umarmungsrunde starten und schon gar nicht die klassische „Bleib doch noch auf ein letztes Getränk!"-Falle auslösen. Die Lösung? Verschwinde, bevor jemand es merkt.

- ✔ *Timing ist alles. Warte, bis eine größere Gruppe in ein intensives Gespräch oder einen Trinkritus vertieft ist. In diesem Moment bist du nur noch eine Randerscheinung.*
- ✔ *Kein Blick zurück! Wenn du erstmal Richtung Ausgang gehst, bleib auf Kurs. Jede Verzögerung kann dazu führen, dass dich jemand entdeckt und für eine spontane Diskussion einkassiert.*
- ✔ *Der „Ich bin noch irgendwo"-Trick: Lasse taktisch ein Accessoire zurück (Jacke, halbvolle Tasse, Notizblock). Falls jemand nach dir fragt, heißt es: „Ach, der ist bestimmt nur kurz auf der Terrasse / am Buffet / auf dem Weg zur Bar."*
- ✔ *Die ultimative Absicherung: Falls du am nächsten Tag gefragt wirst, warum du dich nicht verabschiedet hast, sag einfach: „Oh, es war so voll, ich dachte, ich hätte euch erwischt!" – funktioniert in 99 Prozent der Fälle.*

PROFI-TIPP:

Falls dich doch jemand beim Verschwinden erwischt, halte das Handy ans Ohr, nicke kurz und geh einfach weiter. Niemand hält jemanden auf, der angeblich „noch schnell was klären" muss.

DIE „ICH BIN SCHON AUF DEM WEG"-METHODE

Du hast dich bereits verabschiedet – zumindest glauben das alle.

- ✔ *Kombiniere die Verabschiedung mit einer Aktion. „Ich hole mir noch ein Wasser" oder „Ich muss mal kurz raus telefonieren" Danach einfach den Ausgang statt der Bar ansteuern.*
- ✔ *Schwinde in Etappen. Erst aus der großen Gruppe, dann langsam zur Tür. Wer dich nicht weggehen sieht, denkt, du bist einfach noch irgendwo anders.*
- ✔ *Perfekt für Gruppenfeiern: Falls du vorher mit drei Leuten gesprochen hast, wird jeder denken, du wärst noch beim anderen und keiner bemerkt, dass du längst auf dem Heimweg bist.*

DIE ULTIMATIVE „HINTERLASSE SPUREN“-STRATEGIE

Falls du dich nicht verabschieden willst, mache es so, dass man am nächsten Tag trotzdem an dich denkt.

Hinterlasse einen Running Gag. Falls du eine witzige Bemerkung zum Buffet, zur Musik oder zu den Giveaways gemacht hast, wird man sich eher an diesen Kommentar erinnern als an dein stilles Verschwinden.

Schreib eine harmlose Nachricht in die Team-Gruppe: „Super Event, bis morgen!“ Klingt gesellig, auch wenn du um 21:15 Uhr längst mit Pizza auf dem Sofa sitzt.

Falls du es übertreiben willst: Lass eine Jacke hängen.
Du kannst sie Montag mit einem „Boah, das war ein Abend!“ abholen.

PROFI-TIPP:

Nutze Timing, Ablenkung und eine clevere Exit-Strategie, um dich unauffällig, aber stilvoll aus der Veranstaltung zu schleichen. Keiner soll sich fragen, warum du weg bist, sondern denken, du wärst einfach noch irgendwo.

Denn am Ende zählt nicht, wann du gegangen bist, sondern dass alle glauben, du wärst genau lange genug dagewesen.

KAPITEL 10: SAISONALE AUSREDEN & BÜRO-PHILOSOPHIE: ARBEIT OHNE ARBEIT

Warum Sommerlöcher und Weihnachtsstress deine besten Freunde sind und wie du daraus eine Kunstform machst.

Das Büro hat seine eigenen Jahreszeiten. Sie orientieren sich nicht an Wetter, Sonnenstand oder Klimazonen, sondern an Deadlines, Feiertagen und dem geheimen Rhythmus kollektiver Unproduktivität. Wer es richtig anstellt, nutzt genau diese Phasen, um sich durchs Jahr zu mogeln, ohne wirklich zu arbeiten – und dabei noch unglaublich beschäftigt zu wirken.

Doch saisonales Nichtstun ist keine Faulheit, sondern eine hochentwickelte Kunstform. Die wahre Büro-Elite weiß genau, wann sie sich in den Stress der anderen hineinziehen lässt und wann sie sich mit einer geschmeidigen Ausrede in die sichere Zone manövriert. Warum sich in Last-Minute-Projekte verstricken, wenn du mit einem strategischen „Lass uns das nach der Urlaubszeit angehen" das Problem einfach in den Herbst schieben kannst? Wieso durch Tabellen wühlen, wenn „Wir müssen das noch final abstimmen" reicht, um das Thema ins nächste Quartal zu katapultieren? Und wozu sich in hektische Jahresendstimmung hineinsteigern, wenn alle wissen: Zwischen Weihnachten und Neujahr passiert sowieso nichts mehr.

Dieses Kapitel ist dein Leitfaden für mehr Verständnis des saisonalen Büroflusses. Denn wer den saisonalen Bürofluss versteht, weiß genau: Manchmal ist es nicht wichtig, was du tust, sondern wann du es einfach nicht tust.

DAS GROSSE JAHRESZEITEN-KARUSSELL: WANN SICH ARBEIT VON SELBST ERLEDIGT

Das Büro hat seine eigenen Naturgesetze. Wer sie versteht, kann sich mühelos durch das Jahr navigieren, ohne je ins Straucheln zu geraten. Das Geheimnis? Timing. Es gibt Phasen, in denen alle so tun, als würde gearbeitet werden, aber in Wahrheit tut niemand etwas. Und dann gibt es Phasen, in denen es extrem unklug wäre, überhaupt mit etwas Neuem anzufangen, weil sowieso bald wieder alles über den Haufen geworfen wird.

Wer dieses Spiel versteht, kann sich durch das ganze Jahr navigieren, ohne jemals in unnötige Hektik zu geraten und am Ende trotzdem als „effizienter Mitarbeiter" gelten. Denn das Wichtigste ist nicht, wie viel du tust, sondern wie clever du dich durch das Jahr bewegst.

JANUAR: „WIR MÜSSEN DAS ERST MAL STRATEGISCH AUFSETZEN."

Ein neues Jahr, ein unbeschriebenes Blatt – theoretisch. Praktisch steht jeder im mentalen Nebel der Feiertage und versucht, herauszufinden, wer eigentlich noch im Unternehmen arbeitet. Die einen kommen zurück aus dem Skiurlaub, die anderen aus einer ausgedehnten „Familienzeit", die in Wirklichkeit aus Serienmarathons bestand. Kein Mensch hier hat Lust auf echte Entscheidungen.

Der perfekte Januar-Move ist die „Wir brauchen erstmal eine Übersicht"-Taktik. Die nächsten Wochen sind ideal für Meetings, in denen lange diskutiert, aber nichts entschieden wird. PowerPoints mit „groben Fahrplänen" werden erstellt, die nie umgesetzt werden. Auch beliebt: „Wir machen das strategisch sauber und starten richtig im Februar." Heißt übersetzt: „Wir warten darauf, dass jemand anderes den ersten Schritt macht."

FRÜHLING: „DAS MACHEN WIR NACH OSTERN."

Der Winterblues weicht langsam, aber echte Dynamik? Fehlanzeige. Jede Deadline, die in die Nähe von Ostern rutscht, wird automatisch verschoben. Kein Mensch startet große Projekte, wenn sowieso bald die ersten Brückentage anstehen. Die Bürolandschaft lebt jetzt von nebulösen Kalender-Einträgen wie „Erste Abstimmung" oder „Kick-off-Planung". Klingt wichtig, bedeutet nichts.

Das Frühjahr ist außerdem die Zeit für perfekte Pausenverlängerungen. Niemand hinterfragt, wenn du „kurz raus musst, weil Vitamin D ja wichtig für die Produktivität ist." Falls doch mal jemand nachhakt, warum eine Aufgabe noch nicht erledigt ist, hilft die magische Antwort: „Ich wollte das nach Ostern angehen, dann sind alle wieder richtig drin." Spoiler: Nach Ostern passiert erstmal gar nichts.

SOMMER: DAS LEGENDÄRE SOMMERLOCH

Wenn es ein Naturgesetz in der Arbeitswelt gibt, dann dieses: Von Juli bis September bewegt sich gar nichts. Das berühmte Sommerloch ist kein Mythos, sondern eine gesetzlich verankerte Arbeitsbremse. Die einen sind im Urlaub, die anderen tun so, als hätten sie sehr viel zu tun, obwohl sie nur auf Rückmeldungen von Leuten warten, die gerade in Santorini am Infinity-Pool sitzen.

In dieser Phase darf man auf keinen Fall den Fehler machen und produktiv werden. Wer jetzt Themen zu schnell erledigt, bekommt nur noch mehr Arbeit auf den Tisch, weil „du ja gerade Kapazitäten hast." Viel klüger: Die eigene Erreichbarkeit strategisch anpassen. Mal im Homeoffice, mal „extern unterwegs", mal ein halber Tag Urlaub – so bleibt man schwer greifbar.

Die Sommermonate sind ebenso perfekt für kreative Terminverschiebungen. Jede Anfrage kann mühelos abgewehrt werden mit: „Lass uns das nach der Urlaubszeit klären, dann haben wir wieder alle an Bord." Im September erinnert sich ohnehin niemand mehr an das Thema.

HERBST: WARTEN AUF DIE BUDGETPLANUNG

Nach dem Sommer müssten eigentlich alle wieder hochmotiviert starten. Falsch! Jetzt beginnt die nächste taktische Verschiebe-Phase: Die Budgetplanung. Egal, um welche Aufgabe es geht, mit diesem Satz kannst du jede Verantwortung abwehren: „Bevor wir da weitermachen, müssen wir schauen, was finanziell möglich ist."

Niemand will in dieser Phase unnötige Energie verschwenden, weil sich sowieso gleich wieder alles ändert. Vor November passiert hier nichts – außer Strategie-Meetings, die Dinge „auf den Schirm nehmen", aber nie zu greifbaren Ergebnissen führen. Ein geschickter Trick ist auch: „Das sollten wir mit dem Jahresziel abgleichen." Bis jemand weiß, was das Jahresziel ist, steht Weihnachten vor der Tür.

DEZEMBER: „DAS NEHMEN WIR MIT INS NEUE JAHR."

Falls du dachtest, der Sommer sei das Büro-Paradies der Prokrastination, dann hast du den Dezember noch nicht erlebt. Das Jahresende ist eine heilige Zeit, in der alle noch schnell etwas „abschließen" wollen, aber niemand es tatsächlich tut. In Wahrheit dreht sich alles um drei Dinge: Weihnachtsfeiern, „Last-Minute-Projekte" (die ins neue Jahr verschoben werden) und die ultimative Floskel „Das nehmen wir mit rüber."

Jetzt ist nicht die Zeit für neue Ideen oder kluge Vorschläge. Jetzt ist die Zeit für „Lasst uns das Anfang Januar sauber aufsetzen." Die meisten Projekte enden mit einer Mischung aus „Das war ein intensives Jahr" und „Wir schauen dann in der ersten Woche, wo wir stehen." Spoiler: Wo wir stehen? Genau da, wo wir im Dezember aufgehört haben.

JETZT NICHT: DAS HAT KEINE PRIORITÄT

Im Büro gibt es Aufgaben, die wirklich dringend sind. Und dann gibt es die anderen 99 Prozent, die sich wunderbar verschieben, vertagen oder einfach vergessen lassen. Die wahre Kunst ist nicht, mehr zu arbeiten, sondern genau zu wissen, wann der perfekte Moment ist, um nicht zu arbeiten.

Der Trick ist simpel: Wenn du eine Aufgabe geschickt als „gerade nicht priorisiert" deklarierst, wirst du sie in den meisten Fällen nie wiedersehen. Warum? Weil sich in der Zwischenzeit das Problem von selbst löst, die Prioritäten sich ändern oder dein Chef am Montagmorgen nicht mehr weiß, was er am Freitagabend noch so dringend wollte.

DIE PRIORITÄTEN-VERSCHWÖRUNG: WER BESTIMMT EIGENTLICH, WAS WICHTIG IST?

In der Theorie gibt es immer eine „dringendste Aufgabe". In der Praxis ändert sich diese alle fünf Minuten – abhängig davon, wer gerade am lautesten schreit oder welches Problem sich plötzlich in ein „CEO-Thema" verwandelt.

Wenn also jemand ankommt mit „Das hat oberste Priorität!", frag einfach:

- ✔ *„Gilt das für alle oder nur für uns?"*
- ✔ *„Und wie passt das zu den aktuellen Top-Themen?"*
- ✔ *„Müssen wir nicht erst das aktuelle Thema abschließen, bevor das Sinn macht?"*

Jede dieser Fragen lenkt das Gespräch sofort in eine Diskussion, die sich weit weg von dir bewegt. Wichtig: Stell die Fragen mit ernstem Blick und nicke dazu leicht. Je mehr du so tust, als würdest du wirklich verstehen wollen, desto eher gibt dein Gegenüber auf.

DER MAGISCHE TRICK MIT DER „KAPAZITÄTSAUSLASTUNG"

Wenn gar nichts mehr hilft, dann hol die ultimative Karte raus: ***Kapazitäten***.

- ✔ *„Aktuell sind wir voll mit dem Cost Saving Projekt, alles andere geht frühestens in vier Wochen."*
- ✔ *„Wir haben dafür momentan keine freien Ressourcen, außer, wir verschieben etwas anderes."*
- ✔ *„Ich kann es reinnehmen, aber dann wird es halt erst Mitte nächsten Monats fertig."*

Niemand will freiwillig Verantwortung dafür übernehmen, dass eine andere Aufgabe aktiv gestrichen wird. Also wird dein Gegenüber irgendwann sagen: „Okay, dann warten wir erstmal ab." Und zack, du bist raus.

PRIORITÄTEN-KREISEL

Manchmal muss man einfach ehrlich sein – nicht mit Worten, aber mit der Kunst des geschickten Priorisierens. Es gibt immer etwas, das noch viel wichtiger ist als die lästige Aufgabe, die man gerade aufgedrückt bekommen soll. Mit diesem Prioritäten-Kreisel kannst du jederzeit souverän begründen, warum du leider keine Kapazitäten frei hast.

WELCHER GEGENSTAND EIGNET SICH ZUM DREHEN?

Damit der Prioritäten-Kreisel auch optisch ein kleines Highlight wird, braucht es natürlich einen passenden Drehmechanismus. Hier sind ein paar witzige Optionen, die perfekt ins Büro-Setting passen:

- ***Ein Kaffeelöffel:*** *Weil Kaffee immer Vorrang hat.*
- ***Ein Büroklammer-Katapult:*** *Schieße die Büroklammer auf das Diagramm und schau, wo sie landet.*

- ***Ein Whiteboard-Marker:*** *Lasse ihn wie eine Flasche drehen – Schicksal entscheidet!*
- ***Dein Schlüsselbund:*** *„Oh, mein Schlüssel hat entschieden, dass ich keine Zeit für diese Aufgabe habe!"*
- ***Eine leere Kaffeetasse:*** *Wer die Tasse dreht, entscheidet, dass zuerst Kaffee priorisiert wird.*
- ***Der zerknüllte Zettel mit absolut irrelevanten Notizen:*** *Den kannst du eigentlich für alles benutzen.*

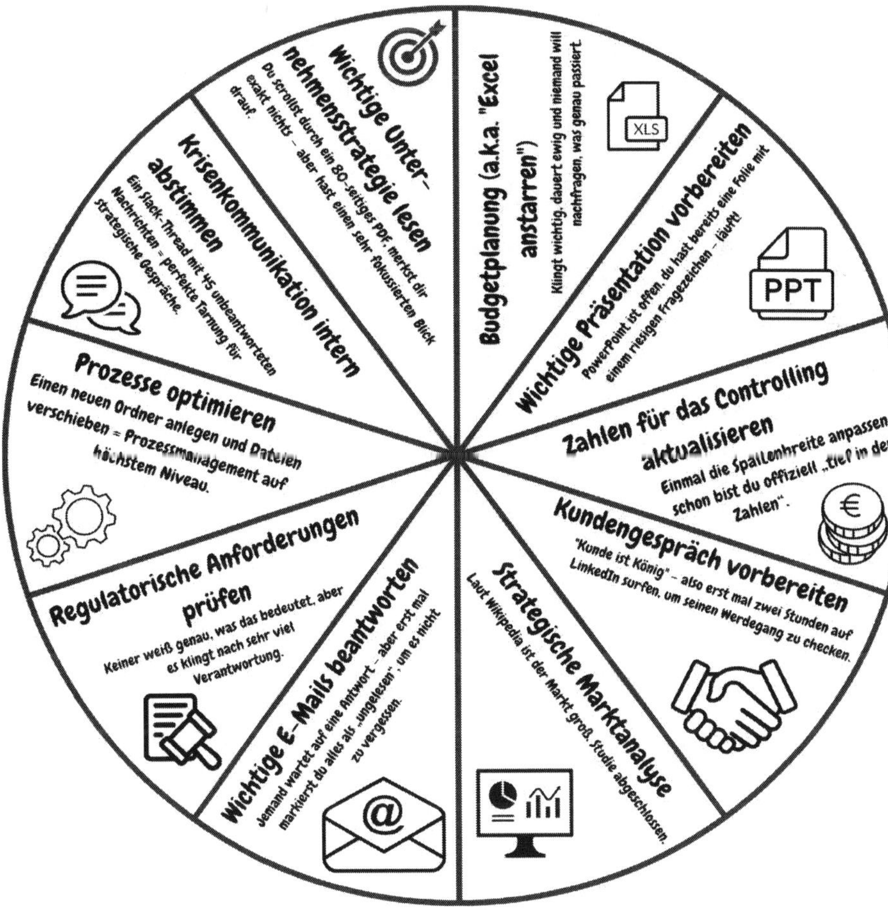

PROFI-TIPP!

Diese unumstößlichen Prioritäten schützen dich zuverlässig davor, spontan in echte Arbeit gezogen zu werden. Dreh den Kreisel, sag den Satz mit ernster Miene und genieße deinen priorisierten Tag!

DIE GROSSE VERSCHIEBUNG: ALLES INS NÄCHSTE QUARTAL RETTEN

Es gibt Aufgaben, die erledigt werden müssen. Und dann gibt es Aufgaben, die sich mit der richtigen Technik so lange nach hinten schieben lassen, bis sie entweder nicht mehr relevant sind oder irgendjemand anderes sie übernimmt. Das ist die hohe Kunst der Quartalsverschiebung – die feine Disziplin, Dinge so clever hinauszuzögern, dass es fast wie eine strategische Entscheidung aussieht.

Die wahre Magie? Keiner wird dich je dafür kritisieren. Denn jeder Manager weiß: Ein falscher Zeitpunkt kann alles ruinieren. Also wird es dir eher als besonnenes Abwägen ausgelegt, wenn du elegant darlegst, warum ein Thema „zum jetzigen Zeitpunkt noch nicht sinnvoll ist". Hier die besten Techniken, um mit maximaler Überzeugungskraft jede Aufgabe ins nächste Quartal zu retten.

DIE „WIR BRAUCHEN EINE SOLIDE BASIS"-STRATEGIE

Niemand startet ein großes Projekt auf wackeligen Beinen. Also: „Bevor wir loslegen, müssen wir erst mal die Grundlagen klären." Und zack, schon verbringst du die nächsten Wochen damit, eine „solide Basis" aufzubauen, die bis zum nächsten Quartal nie fertig wird.

Denn mal ehrlich: Wann war jemals alles so durchdacht, dass es keinen Verbesserungsbedarf mehr gab? Eben! Das Beste an dieser Strategie? Jeder fühlt sich dadurch unfassbar professionell. Wenn du betonst, dass du „nichts übers Knie brechen willst", wirkst du nicht nur überlegt, sondern auch visionär.

Erprobte Varianten:

- ✔ „Lass uns erst mal die Learnings aus dem letzten Quartal sauber aufarbeiten." (Spoiler: Keiner wird sie je lesen.)
- ✔ „Wir sollten dazu noch ein paar relevante Zahlen zusammentragen." (Ohne Excel-Tabellen kein Fortschritt, das wissen alle.)
- ✔ „Ohne saubere Datenlage macht es keinen Sinn, jetzt schon zu starten." (Selbst wenn die Daten seit drei Jahren identisch sind.)

Ergebnis? Niemand kann dir widersprechen.
Denn wer würde schon eine chaotische Grundlage riskieren?

DER „ABHÄNGIGKEITS-KLASSIKER“: ES FEHLT NOCH WAS!

Der perfekte Trick, um ein Thema komplett aus deinem Verantwortungsbereich zu katapultieren. Einfach darauf hinweisen, dass ohne eine bestimmte Voraussetzung gar nichts passieren kann. Dieser Satz funktioniert in 99 Prozent der Fälle: „Bevor wir weitermachen, brauchen wir noch XY.“ Und dann einfach abwarten, bis das ominöse „XY“ entweder von alleine verschwindet oder sich in eine endlose Warteschleife verwandelt.

Sichere Sätze für maximale Verzögerung:

- ✔ „Wir sollten erst das Ergebnis der anderen Abteilung abwarten.“ (Spoiler: Diese Abteilung wartet auf uns, das ist perfekt.)
- ✔ „Lass uns schauen, ob das mit der neuen Budgetplanung zusammenpasst.“ (Budgetplanungen sind bekanntlich das Bermuda-Dreieck der Bürokratie.)
- ✔ „Ohne finale Freigabe von XY können wir hier nichts tun.“ (Der Trick dabei: Niemand weiß, ob XY überhaupt existiert.)

Das Geniale? Jede Organisation ist so träge, dass die Abhängigkeiten nie in Rekordzeit geklärt werden. Und falls jemand nachhakt? Dann kannst du immer noch sagen: „Da haben wir leider noch kein Go bekommen.“

DIE „NÄCHSTES QUARTAL IST VIEL SINNVOLLER"-METHODE

Warum sollte man sich jetzt mit einer Sache stressen, wenn sich die gesamte Lage bald ändern wird? Jede Strategie hat ihre Zeit, aber dieses Quartal definitiv nicht.

Goldene Sätze für den Fluchtweg:

- ✔ *„Das macht erst Sinn, wenn wir die neue Roadmap haben." (Keiner weiß, wann sie kommt, aber irgendwann kommt sie bestimmt.)*
- ✔ „Wir sollten nicht zu früh in die Umsetzung gehen, sonst müssen wir doppelt arbeiten." (Niemand will doppelte Arbeit. Niemals.)
- ✔ *„Das passt perfekt in die nächste Planungsphase, dann können wir es strukturiert angehen." („Strukturiert" ist das Zauberwort. Klingt nach Kontrolle, heißt aber nur: „Irgendwann vielleicht".)*

Die Idee ist simpel: Was in die Zukunft geschoben wird, gehört dem Zukunfts-Ich. Und das Zukunfts-Ich hat bis dahin neue Ausreden gefunden, warum es NOCH nicht passt.

DIE „WIR BRAUCHEN ERST EIN KONZEPT"-TAKTIK

Wenn wirklich gar kein anderes Argument zieht, dann fordere ein Konzept. Denn nichts dauert länger als eine saubere Konzeptphase – und nichts wird öfter als „noch nicht ausgereift genug" eingestuft.

Erprobte Klassiker:

- ✔ *„Lasst uns dazu erst mal eine Strategie entwickeln." (Sobald das Wort „Strategie" fällt, ist die Sache mindestens zwei Monate raus.)*
- ✔ *„Dafür sollten wir ein Konzeptpapier aufsetzen." (Niemand weiß, wie das aussehen soll, aber alle nicken zustimmend.)*
- ✔ *„Bevor wir es umsetzen, brauchen wir einen detaillierten Plan." (Und schon ist der Ball bei irgendwem, der jetzt einen Plan schreiben muss.)*

Das Beste: Solange über das Konzept geredet wird, passiert nichts. Perfekte Verschiebungstechnik, die sich selbst verstärkt.

DAS MAGISCHE JAHRESEND-CHAOS

Es gibt ein ungeschriebenes Bürogesetz: Je näher Weihnachten rückt, desto weniger greifbar wird echte Arbeit. Meetings verwandeln sich in gemütliche Rückblicke, Projekte versinken im Glühwein-Dunst, und jeder wartet nur noch darauf, dass irgendjemand sagt: „Das klären wir direkt im neuen Jahr."

Das Schöne daran? Das Jahresende ist der beste Zeitpunkt, um mit null Aufwand wahnsinnig beschäftigt zu wirken. Denn keiner will jetzt noch große Themen angehen – alles ist entweder „zu spät", „noch nicht budgetiert" oder einfach „keine Priorität mehr". Hier sind die vier goldenen Techniken, um das magische Jahresend-Chaos als perfekte Work-Avoidance-Strategie zu nutzen.

OFFIZIELLES ARBEITSVERBOT AB ANFANG DEZEMBER

Jeder kennt diesen Moment: Irgendwann in der ersten Dezemberhälfte sagt jemand „Lohnt sich das jetzt noch?", und plötzlich liegt die gesamte Produktivität des Unternehmens im künstlichen Koma. Das Prinzip ist einfach: Je näher das Jahresende, desto weniger Sinn macht es, irgendetwas noch anzufangen. Selbst die motiviertesten Kollegen werden dir zustimmen, dass:

- *Niemand mehr Kapazitäten für größere Aufgaben hat.*
- *Das neue Jahr eine viel bessere Energie für frische Projekte mitbringt.*
- *Man „sowieso nichts mehr richtig durchziehen kann" und „erstmal alle im Weihnachtsmodus sind".*

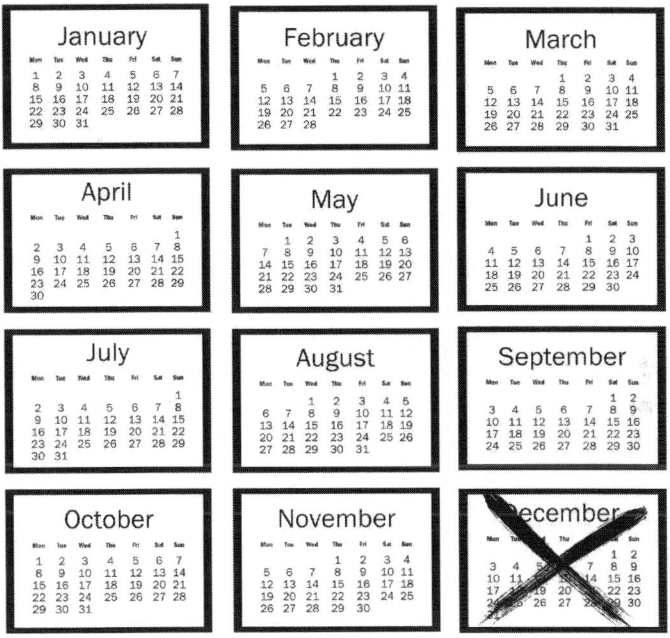

Die Magie dieses Moments: Er ist irreversibel. Sobald sich dieser Gedanke erst einmal etabliert hat, ist jeder Vorschlag für ernsthafte Arbeit so willkommen wie eine Betriebsprüfung am 23. Dezember.

PROFI-TAKTIK:

Wenn du spürst, dass dein Team noch nicht so weit ist, streue einfach beiläufig: „Lass uns das realistisch sehen, das kriegen wir doch in diesem Jahr eh nicht mehr sauber hin." Sobald die ersten nicken, hast du gewonnen.

DAS BUDGET-ENDGAME: DER ELEGANTE AUFSCHUB AUF NÄCHSTES JAHR

Es gibt ein Problem, das wirklich jedes Unternehmen zum Jahresende beschäftigt: Was passiert mit dem Restbudget? Hier kannst du das ultimative Ablenkungsmanöver nutzen: Nichts kann beschlossen werden, bevor die neuen finanziellen Rahmenbedingungen geklärt sind. Denn ohne Budget gibt es keine neuen Projekte, keine Software-Updates und erst recht keine Entscheidungen.

Ein geschickt platzierter Satz wie „Warten wir erst mal die neue Budgetfreigabe ab" kann das gesamte Unternehmen bis mindestens Februar in eine Art Planungsschlaf versetzen. Das Geniale daran? Jeder versteht es. Niemand will Geld in ein Projekt stecken, das sich vielleicht im neuen Jahr als unnötig erweist. Also nicken alle verständnisvoll, während du innerlich schon die extra-lange Kaffeepause planst.

DIE MEETING-INFLATION: SINNLOSE RÜCKBLICKE ALS PRODUKTIVITÄTSERSATZ

Sobald Dezember beginnt, passiert etwas Seltsames: Die Anzahl der Meetings nimmt drastisch zu, aber die Arbeit nimmt ab.

Plötzlich besteht dein Kalender aus:

- *„Lessons Learned"-Sessions (Niemand hat wirklich was gelernt.)*
- *„Jahresrückblicken" (Eine nostalgische Diashow von PowerPoint-Folien.)*
- *„Zieldefinitionen für nächstes Jahr" (Die sich im Januar sowieso wieder ändern.)*

Diese Meetings sind die perfekte Tarnung. Sie fühlen sich wichtig an, aber niemand kommt aus ihnen heraus und setzt sich wirklich noch hin, um etwas zu tun. Der Trick ist, sich aktiv daran zu beteiligen, ohne wirklich involviert zu sein.

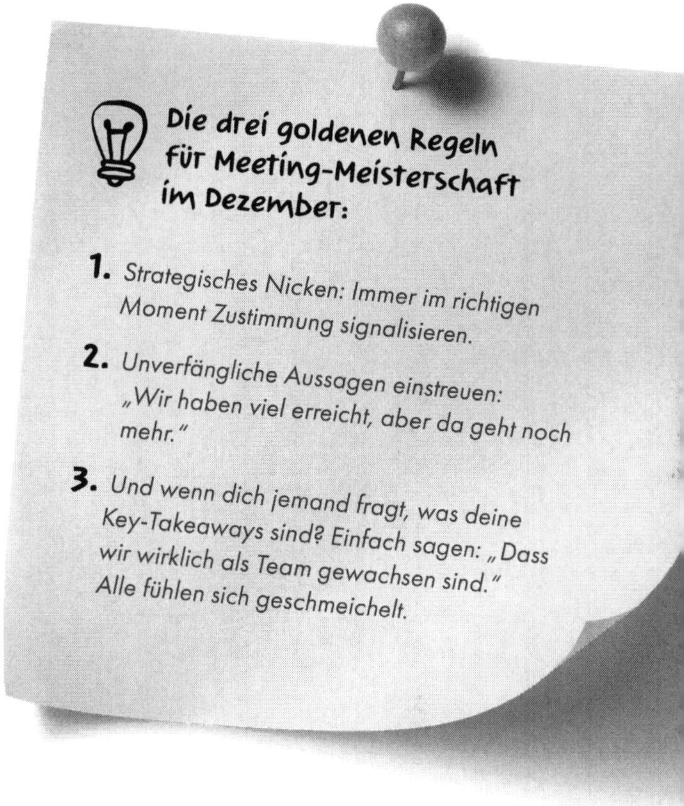

JETZT GENIESSEN WIR ERST MAL DIE FEIERTAGE!

Sobald du diesen Satz fallen lässt, ist jede Diskussion über Arbeit beendet. Es gibt keinen härteren Gesprächsabbruch als: „Wir sollten uns jetzt auch mal die Ruhe gönnen, bevor es nächstes Jahr wieder losgeht."

Niemand wird dagegen argumentieren. Denn keiner will als der Grinch dastehen, der noch Produktivität fordert, wenn die halbe Belegschaft innerlich schon an der Feuerzangenbowle nippt. Das Beste an dieser Methode? Sie lässt sich ab Anfang Dezember anwenden, wenn du sie vorsichtig dosierst. Starte mit leichten Andeutungen wie:

- *„Das Jahr war ja echt intensiv ..."*
- *„Schon verrückt, dass wir bald wieder Januar haben ..."*
- *„Gefühlt sind alle schon im Weihnachtsmodus, oder?"*

Jede dieser Aussagen legt den Grundstein für den finalen Satz: „Lass uns das entspannt im Januar angehen." Spätestens dann bist du offiziell im Arbeits-Standby-Modus – und niemand kann dich daraus holen.

BÜRO-PHILOSOPHIE: WIE DU JEDE AUSREDE MIT TIEFE VERKAUFST

Manche Menschen geben einfach platte Ausreden von sich. Aber du? Du erhebst die Kunst der Ausrede auf ein ganz neues Level. Du verkaufst sie nicht nur, du verleihst ihr Tiefgang, Bedeutung und fast schon eine philosophische Dimension. Denn eine gut platzierte Begründung ist nicht einfach eine Ausrede, sie ist ein Statement über Effizienz, Arbeitskultur und die großen Fragen des modernen Büroalltags.

Warum sollte man sich für die eigene Inaktivität entschuldigen, wenn man sie als hochreflektierte Entscheidung verkaufen kann? Hier sind die besten Strategien, um jedes noch so offensichtliche Herausziehen aus der Arbeit wie eine wohlüberlegte, kluge und unvermeidliche Maßnahme erscheinen zu lassen.

DAS „EFFIZIENZ-DOGMA“: WENIGER IST MEHR

Nichtstun ist nicht Faulheit – es ist eine bewusste Entscheidung für Qualität über Quantität. Denn wahre Produktivität misst sich nicht daran, wie viel du tust, sondern daran, was du vermeidest. Jeder kann seinen Kalender mit sinnlosen Tasks füllen, aber nur wahre Effizienz-Genies wissen, wann es besser ist, eine Aufgabe nicht anzufassen.

Daher ist die perfekte Argumentation:

✔ *„Ich fokussiere mich auf das Wesentliche.“*
(Natürlich hast du noch nicht entschieden, was das ist.)

✔ *„Lieber eine Sache richtig machen als fünf halbherzig.“*
(Zum Glück musst du die eine Sache heute noch nicht anfangen.)

✔ *„Intelligente Arbeit heißt auch, zu wissen, was man delegiert.“*
(Vor allem an Leute, die nicht zurückdelegieren können.)

Mit dieser Herangehensweise überzeugst du andere davon, dass dein strategisches Nichtstun eine Meisterleistung der Prioritätensetzung ist.

DIE „BIORHYTHMUS“-TAKTIK: FINDE DEINEN EIGENEN ARBEITSFLUSS

Jeder Mensch hat seinen eigenen Leistungszyklus und leider fällt deiner immer genau dann in eine Tiefphase, wenn die unangenehmen Aufgaben anstehen. Denn echte Produktivität kann nicht erzwungen werden, sie muss im richtigen Moment kommen. Deshalb ist es absolut nachvollziehbar, wenn du gerade nicht an einem Projekt arbeitest, weil es „jetzt einfach nicht der optimale Zeitpunkt ist".

Diese Technik funktioniert besonders gut mit pseudo-wissenschaftlicher Untermalung:

- ✔ *„Mein Gehirn arbeitet morgens analytisch, nachmittags kreativ – wir müssen das Meeting strategisch timen."*
- ✔ *„Ich habe gerade eine mentale Ladepause, danach komme ich mit frischer Energie zurück." (Das danach bleibt flexibel.)*
- ✔ *„Ein unfokussierter Geist produziert mittelmäßige Ergebnisse – ich warte auf meinen Peak-Flow."*

Das Beste: Niemand kann deinen Biorhythmus überprüfen.
Perfekte Ausrede für jedes Timing-Problem.

DIE „TIEFE DES MOMENTS“: ERST REFLEKTIEREN, DANN HANDELN

Warum sofort loslegen, wenn es essentiell ist, erst das große Ganze zu verstehen? Bevor du irgendetwas umsetzt, musst du die Zusammenhänge durchdenken. Du bist kein impulsiver Aktionist, sondern ein strategischer Denker! Und wahre Erkenntnis braucht Zeit.

Daher immer betonen:

- ✔ *„Wir müssen das erst aus verschiedenen Perspektiven betrachten.“ (Heißt: Wir fangen heute garantiert nicht mehr an.)*
- ✔ *„Eine tiefere Analyse erspart uns später doppelte Arbeit.“ (Heißt: Die doppelte Arbeit ist dann einfach jemand anderes Problem.)*
- ✔ *„Ich lasse das noch ein wenig reifen – gute Entscheidungen brauchen einen Moment.“ (Heißt: Wenn ich lange genug warte, erledigt sich das Problem vielleicht von selbst.)*

Der Trick dabei: Wer hier widerspricht, wirkt wie jemand, der unüberlegt losrennt, während du als weiser Vordenker erscheinst.

DIE „META-EBENE": IST DAS ÜBERHAUPT SINNVOLL?

Die vielleicht mächtigste Technik: Hinterfrage die gesamte Existenz der Aufgabe. Denn nichts hält ein Projekt so effektiv auf, wie die Frage, ob es überhaupt einen Mehrwert hat. Hier einige todsichere Büro-Philosophie-Fragen, die garantiert jede Timeline pulverisieren:

- ✔ *„Müssen wir das wirklich jetzt machen oder ist es nur ein Reflex?"*
- ✔ *„Löst das wirklich das zugrundeliegende Problem oder behandeln wir nur Symptome?"*
- ✔ *„Bringt uns das der langfristigen Vision näher oder verzetteln wir uns hier?"*

Sobald du die Diskussion auf diese Ebene hebst, gibt es endlose Argumente, warum die Aufgabe noch nicht reif ist. Das Resultat? Monate des Nachdenkens statt zwei Stunden richtiger Arbeit.

PROFI-TIPP!

Variiere deine Argumentation! Wer heute „Effizienz über Aktionismus“ predigt, morgen auf „natürliche Arbeitsrhythmen“ verweist und übermorgen den Sinn der Aufgabe infrage stellt, wird nicht als Drücke-berger entlarvt, sondern als visionärer Denker, der Aufgaben strategisch hintertragt!

SCHLUSSWORT

Herzlichen Glückwunsch! Du hast dich durch dieses Buch gearbeitet – oder zumindest so getan, als hättest du das. Damit bist du offiziell qualifiziert für die hohe Kunst, Arbeit zu umschiffen, ohne dabei unnötig ins Schwitzen zu geraten.

Ab jetzt wirst du Deadlines mit der Gelassenheit eines Zen-Meisters betrachten, Meetings als Spielplatz für strategische Floskeln nutzen und selbst die drängendsten Aufgaben mit einem überzeugenden „Wir sollten das erst in Ruhe cross-checken" ausbremsen. Deine Führungskraft wird dich für unersetzlich halten, deine Kollegen für einen strategischen Visionär – und du selbst? Du wirst dein Büro-Dasein mit der maximalen Effizienz des kontrollierten Minimalismus meistern.

Natürlich sollst du deine frisch geschärften Büro-Skills weise einsetzen Wir wollen ja nicht, dass plötzlich jemand merkt, wie wenig wirklich nötig ist, um als Top-Performer durchzugehen. Also dosiere dein Talent, teile es nur mit denen, die es zu schätzen wissen, und halte immer eine wasserdichte Ausrede bereit.

Und nun? Kehre zurück an deinen Schreibtisch, aber mit dem Wissen: Deine Karriere hängt nicht davon ab, wie viel du tust, sondern wie clever du es verpackst. Wer den Eindruck erweckt, unverzichtbar zu sein, ohne sich dabei zu überarbeiten, wird immer vorne mitspielen!

KARRIERE
DURCH
STILLVOLLES
NICHTS-TUN

IMPRESSUM

1. Auflage April 2025

Jonas Bergmann
c/o COCENTER
Koppoldstr. 1
86551 Aichach

Kontakt: info@guava-verlag.de

Bibliografische Information Der Deutschen Nationalbibliothek
Die Deutsche Nationalbibliothek verzeichnet diese Publikation in der Deutschen Nationalbibliografie. Detaillierte bibliografische Daten sind im Internet über http://dnb.dnb.de abrufbar.

Covergestaltung und Satz:
Wolkenart – Marie-Katharina Becker, www.wolkenart.com
Buchsatz: Denise Gahn , denisegahn.com

1. Auflage

ISBN: 978-3-9826006-2-8